Lothar zwischen Mütze und Podest

Lehrstück

Der Autor studierte Erziehungswissenschaft, Evangelische Theologie, Mathematik und Sport an der Universität Hamburg und arbeitet als Lehrer am St.-Viti-Gymnasium in Zeven.
Er schrieb den Bildungsroman Bert und Till auf der Suche nach Heimat.

Peter Baumann

Lothar zwischen Mütze und Podest

Lehrstück

Bibliografische Information der Deutschen Nationalbibliothek
Die Deutsche Nationalbibliothek verzeichnet diese Publikation in der
Deutschen Nationalbibliografie; detaillierte bibliografische Daten
sind im Internet über http://dnb.dnb.de abrufbar.

© 2017 Peter Baumann
Satz, Umschlaggestaltung, Herstellung und Verlag:
BoD – Books on Demand
ISBN 978-3-7431-2254-3

Vorwort

Wir sind immer wieder aufgerufen, die Basis unseres Lebens in den Blick zu nehmen. Das kann dazu führen, dass gute Verbindungen energetisch aufgeladen werden. Oder es wird von Grund auf renoviert. Das ist Reformation. Dabei geht es nicht darum, Wurzeln zu kappen. Diese brauchen wir für einen festen Stand. Aber es geht um den Mut, sich für ein Wachsen in neue Sphären zu öffnen. Ein solches Wachstum braucht Semipermeabilität. Wir müssen also Einflüsse aufnehmen und verarbeiten können, aus denen wir dann Lebensenergie ziehen. Wir müssen uns aber auch abschotten können gegen destruktive Elemente. Dafür müssen wir nicht in Drachenblut baden und womöglich vertrocknen in unverletzbarer Hülle. Es geht vielmehr um die Fähigkeit des Abwägens von Argumenten und nicht um Rechthaberei. Wir dürfen nicht nur das aufnehmen, was unsere Vorurteile bestätigt. Wir sollten nicht nur die Informationen als glaubwürdig erachten, die in unser Weltbild passen. Das sind Zeichen des postfaktischen Zeitalters.

Nun ist es aber so, dass wir viele Vitamine nicht verarbeiten können, wenn wir sie nicht in einer bestimmten Art und Weise aufnehmen. Ein reines Auflisten von Fakten erreicht uns als Leser und Hörer immer weniger. Auch der gute Inhalt dringt kaum durch, wenn er schwach präsentiert wird. Dagegen kann Unsinn sehr wohl Eindruck hinterlassen, wenn der Transporteur fasziniert.

Wir wollen uns mit dem Überbringer der Botschaft verbinden. Dann kann die Botschaft in uns zu voller Entfaltung kommen. Solche Verbindungen sollen im Folgenden ermöglicht werden. So kann die Reformation aus der Geschichte in unser Leben wachsen und uns Perspektiven eröffnen für Ganzheitlichkeit, Nachhaltigkeit und Freiheit.

Wer nun noch nicht gerüstet ist für die Lesereise, der kann zuvor die Erläuterungen aufnehmen, die dem Lehrstück nachgeordnet sind. Diese ermöglichen einen tieferen Blick in den Sitz des Lebens der Verkündigung der Botschaft und auf das Leben der Verkünder.

Personen:

Lothar (engagierter Bürger zwischen den Stühlen)
Mütze (rebellischer Intellektueller)
Podest (Stimme der Herren aus dem Diesseits)
Grünwald (Bildungsbeauftragter)
Plakatträger (verstummter Holzhandwerker)
Hans (Zeitzeuge)
Lenchen (Botschafterin der Liebe)
Mutter (Fürsorgerin)
Jo (Begleiter)
Landpfleger (Faustträger)
Christina (Pfadfinderin)
Christian (Pfadfinder)
Tatze (Versicherungskaufmann)
Käthe (Lothars Komplement)

1. AKT

1. Szene – im Vordergrund Grünwald, im Hintergrund mit Isenheimer Gesten Plakatträger, Hans, Lenchen, Jo und Mutter; auf dem Plakat R.I.P., R.I. durchgestrichen

GRÜNWALD: Moin! Mein Name ist Grünwald. Manch einer wird sich denken: Was soll dieser Name? Es ist doch selbstverständlich, dass ein Wald grün ist. Schön wäre es! Zumindest hier in Europa geht im Winter dem Wald die Farbe aus – jedenfalls das hoffnungsvolle Grün. Und um Hoffnung geht es beim grünen Wald. Ohne den grünen Wald würde uns die Luft zum Atmen fehlen. Kommt nun nicht von ganz alleine in jedem Frühjahr die Farbe Grün in den Wald zurück? Leider nein! Es gibt Momente in der Geschichte, da erscheint statt des Hoffnungswalds verbrannte Erde und verdorrtes Gestrüpp. Und darum geht es hier und heute. Insbesondere Lothar wird sich nachher in einer schweren Waldkrise für ein neues frisches Grün 'reinhängen. Aber vorher will ich euch die Figuren hinter mir vorstellen. Es ist übrigens vollkommen berechtigt, dass ich hier vor Lothar auflaufe. Denn ich habe mit meinen Figuren eine Vorlage gegeben für eine Neubegrünung des Walds. Dabei sind es eigentlich gar nicht meine Figuren. Vielmehr sind es Figuren aus der Geschichte, die ich quasi zu einer Collage zusammengestellt habe. In der Mitte mit dem Plakat, das ist der Verstummte. Der war nicht immer stumm. Das hat sich so ergeben. Einerseits wurde er mundtot gemacht, weil er das Spiel der Mächtigen störte. Andererseits wurden einige seiner Botschaften eingebaut in das gesellschaftliche Leben. Denn er hat ja durchaus Staatstragendes verkündet. Man solle zusammenhalten und sich nicht immer auf die Glocke hauen. Allerdings wurden etliche seiner Kernaussagen umgedeutet. Und die Umdeuter haben es dann nach und nach verstanden, den Botschafter an den Rand zu drängen. Da hat es ihm dann die Sprache verschlagen. Aber vielleicht hilft gerade seine neue Rolle, dass seine Thesen zu wahrem Leben erwachen. Denn die Leute können sich nun nicht mehr hinter einem großen Redner verstecken, sondern müssen selbst aktiv werden, wenn sie den positiven Impuls in der Gesellschaft etablieren wollen. Der mit dem Fingerzeig, das ist der Hans. Der Hans ist der Entdecker und der Förderer vom Verstummten. Dabei ist die Aussage eigentlich falsch. Denn als der Hans den Plakatträger traf, da war der noch gar kein Plakatträger und auch nicht stumm. Das meinte ich mit dem Begriff der Collage, den ich vorhin verwandt habe. Der Hans ist ein zentraler Zeitzeuge, aber er gehört streng genommen in die Zeit, in der der Verstummte begann große Reden zu schwingen. Mutter dagegen war die ganze Zeit dabei, vom Anfang bis zum Ende. Wobei es sich eigentlich um ein offenes Ende handelt. Denn sowohl der Plakatträger lebt, auch wenn er keine Reden mehr hält, als auch Mutter, die aus der heutigen Gesellschaft gar nicht wegzudenken ist. Sie ist die große Fürsorgerin, die zwar nicht ohne eigenen Einfluss ist und auch eine riesige Fangemeinde hat, die aber immer wieder auf die Botschaft verweist und manchmal auch dem Plakatträger den Rücken freihält. Das gilt ein

Stück weit auch für Jo. Jo ist so etwas wie ein kleiner Bruder vom Verstummten. Und dadurch wird er praktisch auch zu einem Sohn von Mutter. Jo ist zu jung, um eigene scharfe Konturen auszubilden. Seine große Zeit kommt wohl noch. Zunächst geht er quasi in die Lehre beim Plakatträger. Er ist einfach dabei – und zwar aufmerksam. Das gilt sowohl für das Aufnehmen der Botschaft als auch für sein Verhalten, wenn jemand in Not ist und Hilfe braucht. Lenchen allerdings braucht grundsätzlich keine Hilfe. Lenchen ist eine starke Frau, die voller Liebe ist. In diesem Moment aber wird auch sie an ihre Grenzen geführt. Denn sie braucht den lebendigen Austausch. Und seitdem der Verstummte nicht mehr spricht, fehlt ihr ein wichtiger Pfeiler in ihrem Leben. Doch wird sie lernen mit der Situation umzugehen und sich einzustellen auf die veränderten Rahmenbedingungen. Und so wird auch sie zu einer Gärtnerin des Lebens. Denn sie ist mehr als meine Figur. Sie hat Geschichte und lebt weiter. Sie ist Teil der Basis zur Neubegrünung des Walds. Grünwald ist mein Name.

2. Szene – *Tatze steht auf Podest*

TATZE: Sehr geehrte Damen und Herren! Sie alle stehen in der Blüte ihres Lebens. Und ich wünsche ihnen, dass sie auf der Sonnenseite des Lebens bleiben werden. Allerdings sagt mir meine Erfahrung, dass man etwas dafür tun muss. Manchmal werfen Ereignisse Schatten. Dann gibt es mehrere Möglichkeiten neu in den Lichtbereich zu gelangen. Entweder versetzt man die Träger des negativen Geschehens in den Ruhestand oder auf ein anderes Abstellgleis. Oder man schafft sich eine eigene Lichtquelle. Beide Möglichkeiten müssen vorbereitet werden. Wer unvorbereitet auf elementare Probleme stößt, kann sie unter Umständen nicht lösen. An dieser Stelle darf ich ihnen meine Hilfe anbieten. Ich bin bereit, ihnen in größter Not zu helfen. Häufig tritt am Ende eines Lebens eine solche Situation ein. Man kann dann nichts mehr aus eigener Kraft ändern. Man muss Vorsorgemaßnahmen treffen. Ich bündele diese Maßnahmen. Ich bin der verlängerte Arm einer Solidargemeinschaft. Eins ist uns ja allen gemeinsam, nämlich der Wunsch nach himmlischen Zuständen. Wenn man diese Zustände sich nicht mehr selbst erarbeiten kann, dann ist es gut, wenn man vorgesorgt hat und quasi trotz fehlender eigener Leistungsfähigkeit in den Himmel getragen wird. Für kleines Geld können sie sich von allen Nöten freikaufen. Und das gibt Sicherheit. Wenn sie den Versicherungsvertrag unterschreiben, dauert es nur noch wenige Tage bis zum Paradies. Sobald das Geld auf dem Konto eingeht, der Mensch fröhlich im Himmel steht.

PODEST: Und was springt für mich dabei 'raus?

TATZE: Nun, da ist zunächst einmal Versicherungssteuer fällig und damit eine Steigerung des Bruttosozialprodukts. Und dann wird ja die staatliche Führung von ihren Fürsorgepflichten ein Stück weit entbunden, wenn die Menschen private Vorsorge treffen. Vor allem aber sind die Menschen glücklich und zufrieden, wenn sie den Himmel erwarten dürfen. Und vielleicht entwickeln sie auf ihrem Lebensweg auch eine größere Frustrationstoleranz, wenn am Ende die gebratenen Tauben warten.

PODEST: Und du? Bist du der Wohltäter der Menschheit? Was bringen dir die Verträge?

TATZE: Du darfst mich ruhig Menschenfreund nennen. Meine Provision ist im Vergleich zur Versicherungssteuer sehr bescheiden. Entscheidend ist für mich, dass die Richtung stimmt. Und die Menschen rennen doch alle dem Glück hinterher. Ich bin also ein Glücksverwalter.

3. Szene – Lothar

LOTHAR: Guten Abend! Keineswegs will ich grundsätzlich der Versicherungsbranche die Existenzberechtigung absprechen. Wenn mir jemand oder eine Gemeinschaft Hilfe zusichert, dann ist das positiv. Entscheidend ist für mich dabei aber, ob für diese Inanspruchnahme von Hilfe von mir im Vorwege eine Leistung erwartet wird. Und ganz besonders schwierig ist es, wenn diese Vorleistung in Heller und Pfennig zu bezahlen ist. Denn es gibt Bereiche im Leben, in denen Geld nichts zu suchen hat. Ein gutes Lebensgefühl entsteht durch freundschaftliche Beziehungen. Und diese können auch durch Krisen tragen. Es gibt Situationen, in denen eine klassische Versicherung nicht wirklich helfen kann. Es gibt Leid und Tod. Und es gibt die Erfahrung von Unglück und fehlender Liebe. Diese Erfahrungen selbst sind weder konkret messbar noch liegen sie in Raum und Zeit. Sie führen zu einem negativ aufgeladenen Bewusstsein, dem man schwerlich mit einem Maßnahmenkatalog und erst recht nicht mit einer bestimmten Summe Geld begegnen kann. Helfen kann nur die Anbindung an eine Struktur, die von Zuneigung geprägt ist. Helfen kann nur eine an uns herangetragene Quelle der Liebe. Das Merkmal dieser Liebe ist, dass wir uns herausgenommen fühlen aus Raum und Zeit. Wir erfahren dann eine himmlische Qualität. Wir spüren Ewigkeit. Diese Qualität kann uns nur zufallen, wenn wir in lebendigen Beziehungen leben.

Aber wenn diese Beziehungen nicht wirklich intakt sind, dann hilft auch keine Versicherung. Es ist sogar ein Schritt in die falsche Richtung, wenn man sich auf etwas verlässt, was gar nicht helfen kann. Wenn man einen Versicherungsvertrag in der Hand hält, dann ist die Hand nicht mehr offen für wirkliche Hilfe. Denn eine solche Offenheit ist Voraussetzung dafür, dass positive Energie zufließen kann. Nur wenn wir uns frei machen vom Vertrauen auf eigene Stärke und auf Versicherungsverträge, sind wir in der Lage, Liebe zu empfangen und ein Gefühl des Angenommenseins zu spüren. Nur wenn wir darauf vertrauen, dass uns geholfen wird, obwohl wir das nicht verdient haben, können wir aufgehoben werden aus der Mühsal des Lebens. Diese Erkenntnis haben schon viele Menschen vor uns gehabt. Aber sie ging immer mehr verloren, weil wir uns leicht von der Aussicht auf billige, weil bezahlbare Sicherheit gefangennehmen lassen. Diese Erkenntnis lässt sich aber neu generieren aus alten Mythen und Schriften. Dabei müssen wir aufpassen, dass wir nicht für dumm verkauft werden. Denn auch die Versicherungsbranche benutzt Begriffe aus diesen alten Schriften, zum Beispiel, wenn sie von einer Solidargemeinschaft spricht. Solidarität erfahren wir aber nur über intakte Beziehungen. Und bei dieser Erfahrung ist das Moment der Liebe entscheidend – und nicht eine bestimmte Geldsumme. Deshalb ist es wichtig, dass wir die alten Mythen und Schriften aus ihrer geschichtlichen Gewordenheit heraus und bezogen auf unsere konkreten Lebenssituationen verstehen lernen. Wir dürfen der Versicherungsbranche nicht die Deutungshoheit über alte Weisheiten überlassen. Wir müssen die alten Schriften immer wieder neu lesen lernen. Dann können wir erkennen, dass ein Verstummter uns mehr sagen kann als jeder Versicherungsvertreter. Dann greift das Wort Raum auch ohne Getöse. Das Unscheinbare rettet die Welt. Die Brücke in die Welt der Liebe ist nicht aus Gold, sondern hölzern.

4. Szene – Mütze (trägt eine rote Kopfbedeckung)

MÜTZE: Liebe Brüder und Schwestern! Und liebe Genossinnen und Genossen! Lothar hat natürlich recht, wenn er das Geschäftsgebaren der Versicherungsbranche kritisiert. Einem aufgeklärten Menschen leuchtet unmittelbar ein, dass die Praktiken dieser Kaufleute eher etwas mit Selbstbereicherung zu tun haben als mit Solidarität. Und Lothar hat sich große Verdienste erworben in Bezug auf das neue Lesen der alten Schriften. Wir dürfen aber beim Lesen nicht stehen bleiben. Wir müssen das Gelesene auch umsetzen. Wer lediglich passiv wartet, dass ihm Qualität zufällt, der ändert nichts an den schlechten Strukturen. Wer immer nur die Klappe hält, ermöglicht anderen mit ihrem Geschrei Eindruck zu schinden. Gerade die Versicherungskaufleute betätigen sich als Marktschreier. Aber leisten sie einen nachhaltigen Beitrag für unsere Gesellschaft? Sind ihre Geschäftserfolge ein Gradmesser für eine gesunde Volkswirtschaft? Nein! Diese Kaufleute werden geradezu magisch von dem Podest angezogen. Und das Podest bedient sich ihrer und sichert sich so seinen zentralen Standpunkt. Die Pfeffersäcke verhindern, dass das Podest vom Sturm der Geschichte hinweg geblasen wird. Und wenn wir dieses Geschehen lediglich mit offenen Händen begleiten und darauf warten, dass der Himmel von alleine Raum greift, dann sind wir verloren. Es gibt Situationen, in denen man aus der offenen Hand eine Faust machen muss. Nur mit der geballten Faust läuft man nicht ins offene Messer. Schaut euch den Verstummten an! Wollen wir so leben? Wollen wir uns mit Sprachlosigkeit zufrieden geben? Die Botschaft des Verstummten soll uns sehr wohl Richtschnur sein. Allein der Weg dahin will bedacht sein. Wir müssen Handwerker des Friedens sein. Wir müssen Pflöcke einrammen. Und vielleicht müssen wir auch Mauern ziehen, um zu zeigen, dass es Grenzen gibt. Es gibt Grenzen in Bezug auf das Verhalten von Menschen, wenn man zu einer gesunden Gesellschaft kommen will. Und wenn es Hindernisse gibt, die eine gute Bewegung verhindern, dann müssen sie beseitigt werden. Dabei kann es auch zu schmerzvollen Erfahrungen kommen. Das darf uns aber nicht aufhalten auf dem Weg, eine echte Gerechtigkeit zu etablieren. Es gibt nicht nur Zeiten süßen Honigs. Wer dem wahren Leben Bahn brechen will, der muss auch mit Schweiß und Tränen rechnen.

5. Szene – Podest und Landpfleger

PODEST: Ich fühle mich verantwortlich für einen Interessenausgleich zu sorgen. Ziel muss immer Gerechtigkeit sein. Wer sich für Gerechtigkeit einsetzt, den bin ich bereit zu tragen. Sobald ich das Gefühl habe, dass jemand, dem ich eine Plattform biete, aus Eigennutz handelt, lasse ich ihn fallen. Ich bin unsicher, ob der Versicherungskaufmann Tatze wirklich das Gemeinwohl im Sinn hat.
LANDPFLEGER: Wir sind sicher, dass Tatze sein eigenes Süppchen kocht oder zumindest den Suppenkasper der Versicherungsbranche gibt. Wir wollen, dass eine konkrete Leistung zu einer konkreten Gegenleistung führt. Wir wol-

len, dass unsere Produkte zu einem fairen Preis auf dem Markt verkauft werden können. Und natürlich sind wir bereit angemessene Steuern zu bezahlen, wenn dafür unsere Produkte geschützt werden.

PODEST: Keineswegs will ich euch verpflichten, eine Versicherung abzuschließen, die ihr nicht als sinnvoll erachtet. Was eure Produkte anlangt, gibt es zwei Möglichkeiten. Entweder der Preis ergibt sich aus dem Spiel von Angebot und Nachfrage. Oder aber es werden Garantiepreise festgelegt. Daraus folgen dann aber höhere Steuern und weniger Unabhängigkeit. Dann muss die Gesellschaft festlegen dürfen, welche Produkte angebaut werden.

LANDPFLEGER: Wir erleben leider im Moment die Tendenz zu einer ungesunden Mischform. Einerseits werden wir den Preisschwankungen des freien Marktes ausgesetzt. Und andererseits legt die Gesellschaft fest, wie wir zu produzieren haben. Wir sind Fachleute für nachhaltiges Wirtschaften. Wir wollen den Produktionsprozess so gestalten können, dass auch die nächste Landpflegergeneration noch eine Lebens- und Wirtschaftsgrundlage hat. Außerdem sind die Steuern zu hoch. Nur in guten Erntejahren bleibt genug über für ein Leben ohne materielle Not. Schlechte Jahre treiben uns in den Landverkauf und damit mittelfristig in den Konkurs. Das ist nicht gerecht.

6. Szene – Käthe

KÄTHE (*steht auf einer Seite der Bühne*): Der Mensch ist ein Beziehungswesen. Er lebt immer bezogen auf seine Mitwelt und insbesondere auf seine Mitmenschen. Wenn lebendige Beziehungen nicht mehr im Mittelpunkt stehen, dann wird der Mensch zu einem bloßen Objekt. Versicherer werden dann zu Objektverwaltern. Solche Strukturen brauchen wir nicht. Sie entfremden den Menschen von sich selbst.

KÄTHE (*wechselt auf die andere Seite der Bühne*): Subjekte, die Erfahrungen machen, müssen der Maßstab für menschliches Leben sein. Und Beziehungen zwischen Subjekten sind das Schmiermittel des Lebens. Ich bin zufrieden, wenn ich Beziehungen als harmonisch erfahre. Diese Harmonie entsteht aus der gewachsenen Struktur heraus. Ich bin die Summe meiner Erfahrungen und ich bin geprägt von den Strukturen, in denen ich aufgewachsen bin und in denen ich lebe. Wenn die gesellschaftlichen Rahmenbedingungen sich sanft verändern, dann kann ich mitgehen ohne meine Mitte zu verlieren.

KÄTHE (*zurück auf der einen Seite der Bühne*): Zum Fluss des Lebens gehören aber auch Brüche. Ein Fluss, der vollkommen gleichmäßig fließt, hat Ähnlichkeit mit einem Kanal. Und ein Kanal ist nicht wirklich lebendig. Vor allem ist er eine künstliche Wasserstraße. Seine Erbauer errichten ihr Werk in einer bestimmten Absicht. Sein Betrieb ist wirtschaftlich ausgerichtet. Das Wasser im Kanal hat nur eine bestimmte Funktion. Es kann sein Potential nicht voll zur Entfaltung bringen. Nur dann, wenn Wasser auch Möglichkeiten zum Gurgeln hat, kann der Sauerstoffgehalt als Träger des Lebens erhöht werden. Und dann kann Wasser auch eine Reinigungsfunktion übernehmen.

KÄTHE (*wechselt wieder die Position*): Wasserstoff und Sauerstoff sind Träger des Lebens. Und die Elemente gehen ihre Wege und wählen ihre Geschwindigkeiten. Deshalb sollte ein Fluss nicht kanalisiert werden. In manchen Bereichen ist sicherlich Renaturierung angezeigt. Es gibt auch keinen Grund, einen Fluss umzulenken in ein vermeintlich besseres Bett. Wer will sich anmaßen, die Qualität von Betten zu bewerten? Andererseits sehe ich auch keinen Grund, Kanäle zu verbieten. Sie haben ihre Funktion. Und wir sollten ein Grundvertrauen in die Erbauer und Betreiber haben. Kanäle mit Flüssen zu vergleichen, ist ungerecht.

KÄTHE (*mit Positionswechsel*): Kanäle können ihren Raum haben. Zum Beispiel kann man Geldflüssen eine gute Richtung geben und sie kanalisieren durch Steuern. Steuern sind dann sinnvoll, wenn sie richtig verwendet werden, wenn also Schwächere Solidarität erfahren. Natürlich wäre es noch besser, wenn über freiwillige Spenden allen Menschen eine faire Teilhabe am Leben möglich würde. Aber vielleicht sind so viele vom wahren Menschsein entfremdet, dass Steuern die bessere Lösung sind. Es gibt jedoch Grenzen für dieses Prinzip. Die Versicherungen überschreiten diese Grenzen, wenn sie Glück auf den materiellen Aspekt reduzieren. Und eines muss ich auch ganz deutlich sagen. Ich bin dafür verantwortlich, die Qualität des Bettes zu bewerten, in dem ich liege. Das geschieht natürlich in Absprache mit Lothar. Lothar und ich sind eine gesellschaftliche Gruppe, die sich bettet. Und wenn wir nicht gut schlafen, müssen wir etwas ändern.

KÄTHE (*mit anderem Standort*): Ich kann mir nicht vorstellen, dass jeder Mensch sich ein eigenes Bett baut. Dafür fehlt es vor allem an Zeit aber auch an handwerklichem Geschick. Und die Tischler können das einfach besser. Ich plädiere dafür, Tischlern zunächst einmal zu vertrauen, dass sie die Bedürfnisse ihrer Kunden kennen und zu befriedigen gewillt sind.

KÄTHE (*zurück auf der einen Seite der Bühne*): Das ist sicherlich eine Frage der inneren Haltung. Wenn ein Tischler sich berufen fühlt, gute Betten zu bauen, dann wird ihm Vertrauen zufallen. Wenn er allerdings das Bauen von Betten als notwendiges Übel erachtet, um privatem Konsum zu frönen, dann hat er kein Vertrauen verdient. Noch schlimmer wird es, wenn dieser Tischler zum Kaufmann mutiert und versucht über Werbung den Kundengeschmack zu beeinflussen. Dann wird die Bettenqualität nachlassen und die Schläfer verlieren auch noch das kritische Bewusstsein.

7. Szene – *Christina und Christian*

CHRISTINA: Hallo Christian! Was ist das heute wieder für ein schöner Tag!
CHRISTIAN: Heute ist ja auch Sonntag. Sonntags fühle ich mich immer wie neugeboren.
CHRISTINA: An so einem Tag bin ich dem Himmel so nah. Ich fühle mich herausgenommen aus Raum und Zeit. Und grundsätzlich sagt mir an einem Sonntag niemand, was ich zu tun und was ich zu lassen habe.
CHRISTIAN: Na ja, manchmal ist es auch ganz schön, wenn jemand eine klare Ansage macht – jedenfalls, wenn sie Hand und Fuß hat. Im luftleeren Raum kann ich mich nicht orientieren.
CHRISTINA: Vielleicht müssen wir uns auch gar nicht immer aktiv orientieren. In uns ist schon eine natürliche Orientierung verankert. Wer lernt, auf die innere Stimme zu hören, der findet den richtigen Weg.
CHRISTIAN: Das mag wohl an einem Sonntag gelten. Aber in der Woche zerrt so vieles an mir, dass ich manchen Zwischenton nicht hören kann. Dann bin ich zufrieden, wenn der Botschafter meines Vertrauens auf Sendung ist.
CHRISTINA: Wie sendet denn dein Botschafter und welche Signale?

CHRISTIAN: Das ist ganz unterschiedlich. Manchmal empfange ich eine klare Aufforderung. Und manchmal muss ich zwischen den Zeilen lesen. Auf jeden Fall muss ich die Botschaft in meine persönliche Situation übersetzen. Denn die Signale stammen ursprünglich aus einem anderen Raum und einer anderen Zeit.

CHRISTINA: Bist du denn sicher, dass deine Übersetzung richtig ist?

CHRISTIAN: Richtig ist das, was einem erfüllten Leben dient. Und diese Erfüllung muss sich immer wieder neu erweisen. Ich denke, dass meine Mitmenschen mir spiegeln, ob ich auf dem richtigen Weg bin.

CHRISTINA: Ist das nicht ein bisschen beliebig? Fürchtest du nicht, dass dein Ego nur die Signale aufnimmt, die es nach eigenem Gutdünken verdrehen kann?

CHRISTIAN: Da nehme ich gerne die innere Stimme in Anspruch, die du ins Spiel gebracht hast. Aber natürlich handelt es sich um ein stetes Ringen auf der Suche nach dem richtigen Weg. Offenheit, Ehrlichkeit und Kritikfähigkeit sind wichtige Wegbegleiter.

CHRISTINA: Mir hört sich deine Suche zu sehr nach Arbeit an. Wer zu sehr dem Glück hinterherrennt, hat keine Chance sich von ihm einholen zu lassen.

CHRISTIAN: Erfülltes Leben braucht beides. Zum Beispiel ist die Arbeitserfahrung wichtig für den Menschen. Dabei geht es natürlich nicht um Aktionismus. Wir müssen immer wieder innehalten und zurücktreten, um den Arbeitsprozess kritisch zu hinterfragen. Der besondere Tag des Zurücktretens ist der Sonntag. Er ist sowohl die Vollendung des Wochenweges als auch der von vergangener Mühsal befreite Neustart.

CHRISTINA: Das kann ich nachvollziehen. Für mich ist

bei einem solchen Zurücktreten eine passive Phase wichtig. Nur im Moment des Innehaltens kann mir das Fällige zufallen.

CHRISTIAN: Und wo kommt er nun her, der so von dir definierte Zufall? Ist er als innere Stimme ein Teil von dir? Oder ist er ein Energiefluss, der dir von außen zuströmt?

CHRISTINA: Sowohl als auch! Die Struktur des Ganzen ist in mir präsent. Und ich bin ein Teil des Ganzen. Die Kräfte, die ein Sonnensystem zusammenhalten, wirken auch in einem Atom, welches ein Teil des Systems ist.

CHRISTIAN: Davon habe ich auch schon einmal gehört. Man kann ein Foto eines Blatts von einem Farn vergrößern oder verkleinern – die Bilder sehen sich zum Verwechseln ähnlich. So ist das übrigens auch mit dem Botschafter meines Vertrauens, von dem ich vorhin sprach. Er ist ein Gestaltwandler. Er kann in verschiedenen Personen und auch als innere Stimme auftreten und sich mitteilen – und bleibt sich dabei immer treu.

CHRISTINA: Ich glaube, dein Botschafter hat gerade die Gestalt der Sonne angenommen und wärmt mich.

2. AKT

1. Szene – im Hintergrund Grünwald und Plakatträger, im Vordergrund mit Isenheimer Gesten Hans, Lenchen, Jo und Mutter; auf dem Plakat VERSTUMMT

MUTTER: Ich möchte, dass mein Sohn glücklich wird – oder zumindest zufrieden. Zufrieden kann man sein, wenn man sich aufgehoben fühlt. Dieses Gefühl hängt an Beziehungen zu anderen Menschen und ist so verknüpft mit Raum und Zeit. Manchmal nehme ich meinen Sohn als einen Getriebenen wahr. Seine innere Uhr tickt irgendwie anders. Es ist natürlich in Ordnung, wenn er seiner Berufung nachgeht. Er ist auch bei vielen Menschen angesehen. Aber ist es gesund, wenn man immer im Brennpunkt des Geschehens lebt? Zehrt es nicht, wenn man sich pausenlos für andere einsetzt? Ich hätte gerne Enkelkinder. Aber ich fürchte, dass meinem Sohn neben einer soliden wirtschaftlichen Basis auch die innere Ruhe fehlt.

HANS: Dein Sohn ist erwachsen geworden. Natürlich bleibst du seine Mutter. Aber inzwischen hat er seinen Horizont so erweitert, dass biologische Fragen nicht mehr entscheidend sind. Das Leben an sich hat ihn herangezogen. Und er lebt diese neue Verbindung von ganzem Herzen. In ihm wird einerseits gebündelte Lebensenergie sichtbar und andererseits nimmt er sich der Sorgen und Ängste seiner

Mitmenschen an. Er geht auf in seiner Rolle als jemand, der Position bezieht und das Ganze über die Interessen einzelner stellt. Dabei ist er völlig authentisch und strahlt für mich eine große Gelassenheit aus. Wenn du ihn loslässt und nicht mehr deine Wünsche auf ihn überträgst, dann wirst du ihn auch nicht mehr als Getriebenen wahrnehmen.

JO: Du musst dich lösen vom äußeren Anschein. Wenn du immer nur dich selbst in deinem Sohn wiederfinden willst, dann wird er dir irgendwann fremd. Er wurde in deine Welt hineingeboren, aber inzwischen ist er aus ihr erwachsen. Du musst ganz neu die persönliche Auseinandersetzung mit deinem Sohn suchen. Dann wird er dir vertraut erscheinen können. Aber du musst zuerst loslassen, um eine neue Verbindung eingehen zu können. Du kannst dann deinem Sohn auf einem höheren Niveau begegnen.

LENCHEN: Das höchste Begegnungsniveau, das ich kenne, ist von einer Struktur der Liebe geprägt. Und diese Liebe strömt deinem Sohn aus jeder Pore. Wenn ich in seiner Nähe bin, dann spüre ich den Himmel. Es geht mir dabei gar nicht in erster Linie um eine körperliche Nähe. Meine Gefühle für deinen Sohn gehen weit über das hinaus, was ich jemals für einen anderen Menschen empfunden habe. Und ich habe auch gar nicht den Anspruch, ihn für mich allein haben zu wollen. Seine demütige Liebe und sein unbedingter Einsatz für andere verändern die Welt. Dafür bin ich dankbar.

2. Szene – Tatze und Lothar

TATZE: Hallo Lothar! Schön, dass du dich auch um die Nöte der einfachen Menschen kümmerst. Wir wissen und der

Mann von der Straße ahnt es zumindest, dass unsere Schwachheit uns vom Heil trennt. Und durch die Trennung vom Heil stehen wir in der Anfechtung und kommen nicht umhin, immer wieder uns als schwach zu erweisen. Diesen Teufelskreis können wir im Hier und Jetzt nicht endgültig durchbrechen. Das ist traurig. Aber sollen wir in der Trauer verharren? Sollen wir ohne Lebensmut dahinvegetieren? Ich halte es für sinnvoller, dass wir Trauerarbeit leisten. Wir können existentielle Ängste mildern, wenn wir die Hoffnung auf Läuterung durch gute Taten in Aussicht stellen. Als Vertreter der Solidargemeinschaft des Glücks fühle ich mich aufgerufen, konkrete Möglichkeiten aufzuzeigen für das Tun von guten Werken.

LOTHAR: Guten Tag Tatze! Wir sollen Diener des Lebens sein. Das ist der Maßstab für ein Kümmern insbesondere um Schwächere. Ansonsten müssten wir auch dem Schlachter zugestehen, dass er sich um das Lamm kümmert. Für mich kümmert sich die Mücke im engeren Sinne nicht um ihr Opfer, wenn sie dessen Blut saugt. Für die Mücke ist das Opfer lediglich ein Objekt, an dem es sich zu bereichern gilt. Dieser Maßstab des Lebens muss auch an die Versicherungsverträge gelegt werden, die du verkaufst. Dienen diese dem Leben der Schwachen oder werden die Einnahmen verwendet um Paläste zu bauen?

TATZE: Wenn wir erfolgreich Glück versichern, dann ist diese Leistung gar nicht hoch genug einzuschätzen. Für unsere anspruchsvolle Arbeit brauchen wir qualifizierte und zufriedene Mitarbeiter. Diese haben ein Recht auf gut ausgestattete Arbeitsplätze. Wir sollten keine Neiddebatte führen. Neid ist ein Sprengstoff, der die Gemeinschaft der Menschen gefährdet. Unser Auftrag ist es doch vielmehr, den Menschen klare und einfache Wege zum Glück anzubieten.

LOTHAR: Es spricht nichts gegen eine einfache Botschaft. Aber es gibt Werbebotschaften, die zu einer Verdummung beitragen. Langfristig wird sich eine solche Verdummungsstrategie nicht durchsetzen. Das Potential des Menschen wird sich Bahn brechen. Botschaften müssen den ganzen Menschen ansprechen und nachhaltig sein. Wer Versicherungsklauseln klein druckt oder in einer Sprache, die nicht wirklich zu verstehen ist, gehört vom Markt entfernt oder zumindest gehörig reformiert.

TATZE: Wir halten uns an Gesetze. Der Gesetzgeber macht die Spielregeln. Entscheidend ist das Großgedruckte. Wir sind zertifizierte Glücksverwalter. Und wir vergeben Glück für einen kleinen Preis. Bei uns ist Scheitern nicht Programm wie bei den Brüdern des Stummen, die Auge um Auge und Zahn um Zahn verlangten. Wir verkaufen Eintrittskarten für den Himmel zu einem individuell ermittelten und fairen Preis.

LOTHAR: Die Brüder des Stummen haben das erste Sozialversicherungssystem der Welt geschaffen. Dafür gebührt ihnen Anerkennung. Veränderte gesellschaftliche Rahmenbedingungen haben dazu geführt, dass dieses System quasi zusammengebrochen ist. Aber die Tatsache, dass ihr euch am Markt durchgesetzt habt, bedeutet nicht, dass eure Versicherungsverträge dem Menschen gerecht werden.

TATZE: Die Wahrheit liegt auf dem Platz. Und gerecht ist das, was glücklich macht.

LOTHAR: Ich habe grundsätzlich nichts gegen den freien Markt, auf dem ihr zugegebenermaßen erfolgreich seid. Es müssen aber Mechanismen eingeführt werden, die einerseits den Schwachen schützen und andererseits die Bildung fördern, so dass ein freies und kritisches Bewusstsein zu Marktbereinigungen führen kann.

3. Szene – Lothar und Mütze (trägt eine rote Kopfbedeckung)

MÜTZE: Ich hoffe, dass du Tatze ordentlich den Marsch geblasen hast.
LOTHAR: Es geht doch weder um Märsche noch ums Marschieren. Die Versicherungsverträge, die Tatze verkauft, müssen genau geprüft werden. Wenn sie Fehler enthalten und dem Leben nicht dienen, dann muss die Aufsichtsbehörde eingeschaltet werden. Unsere Kritik an den Verträgen hat sachgerecht zu erfolgen.
MÜTZE: Im Grunde weißt du selbst genau, dass Tatze nicht in erster Linie das Glück der Menschen im Sinn hat. Deshalb müssen wir ihm Einhalt gebieten.
LOTHAR: Ich bin dafür, dass wir den Menschen helfen, ein kritisches Bewusstsein zu entwickeln. Dafür sollten wir auf das Kleingedruckte hinweisen und die Sprachfiguren erklären, die vielleicht bewusst zur Verschleierung herangezogen werden.
MÜTZE: Dafür müssen erst einmal die Voraussetzungen geschaffen werden. Mit knurrendem Magen kann man sich keine Kulturtechniken aneignen. Und wer sich abends erschöpft von körperlicher Arbeit nicht mehr wach halten kann, den erreicht auch der beste Lehrer nicht.
LOTHAR: Du übertreibst. Grundsätzlich mangelt es nicht an freier Zeit. Und ich persönlich kenne niemanden, der hungern muss. Es bleibt die Frage nach der Sinnhaftigkeit von Freizeitbeschäftigung. Viele Menschen flüchten in andere Welten oder betäuben sich einfach. Denen müssen wir gute Angebote machen.
MÜTZE: Aber warum sind diese Menschen geradezu gezwungen in Flucht und Betäubung? Weil ihre Lebenssituationen nicht mehr hergeben! Wenn sie bis an die Grenzen

ihrer körperlichen und seelisch-geistigen Möglichkeiten mit der Sicherung ihrer Existenz beschäftigt sind, dann bleibt kein Raum für wirklich Erbauliches, auch wenn das Angebot noch so gut ist.

LOTHAR: Die Verbesserung der Lebenssituationen ist in kleinen Schritten durch ein erweitertes Bewusstsein möglich. Wir müssen den Menschen zunächst eine Entschleunigung ans Herz legen. Dann können sie ihre Mitte neu finden und so auch Räume schaffen für Sinnstiftendes. Wenn wir ihnen dann zum Beispiel Bücher in einfacher Sprache an die Hand geben, dann lernen sie Botschaften verstehen, die die Erkenntnis fördern, dass bestimmte Versicherungsverträge bestenfalls überflüssig sind.

MÜTZE: Es ist eine Illusion, eine Entschleunigung ans Herz legen zu können. Die Strukturen müssen so verändert werden, dass eine Überforderung ausgeschlossen werden kann. Die Bedingungen des Lebens müssen ein bewusstes Leben ermöglichen. Das ist im Moment für die einfachen Leute nicht der Fall. Das Sein prägt das Bewusstsein.

LOTHAR: Ich sehe keine Möglichkeit, die gesellschaftlichen Rahmenbedingungen so über das Knie zu brechen, dass alle Menschen in gleichem Maße Zugang zu allen Ressourcen haben und so zu einer vollkommenen äußeren Freiheit gelangen. Eher wird das Knie brechen. Zu mehr Gerechtigkeit gibt es nur den Weg über eine bessere Bildung. Das Bewusstsein prägt das Sein.

MÜTZE: Solange die große Mehrheit der Menschen in unfrei machenden Arbeitsprozessen gefangen ist, kann keine Freiheit erreicht werden. Die Arbeit prägt den Menschen. Deshalb müssen wir Arbeit anders und gerechter organisieren.

LOTHAR: Die arbeitenden Menschen können die Arbeitsprozesse mitgestalten. Einerseits sind sie aufgerufen, Verbesserungsvorschläge zu machen, um Abläufe zu optimieren, auch im Sinne einer Gesunderhaltung. Andererseits müssen sie sich disziplinieren und bereit sein, einen fairen Preis für ein Produkt zu zahlen.

MÜTZE: Arbeitsabläufe werden bestimmt von der Macht des Kapitals. Der Produktionsfaktor Mensch erscheint lediglich als ein Rad im Getriebe. Diesem Rad müssen wir in die Speichen greifen. Ich gebe dir ein Beispiel. Wenn ein Tischler von einem Kunden den Auftrag bekommt, einen Stuhl zu bauen, dann wird er zunächst mit diesem ins Gespräch kommen, um dessen konkrete Wünsche zu erfahren. Dann macht er eine Zeichnung, fertigt die einzelnen Elemente an und fügt sie zusammen. Schließlich wird auch die Übergabe persönlich erfolgen. Vielleicht gibt es sogar noch im laufenden Arbeitsprozess einen Austausch zwischen den beiden. Auf jeden Fall ist dieser Prozess ganzheitlich und nachhaltig. Und er wird auch zu einem fairen Preis führen, da der Kunde durch die Beteiligung einen Überblick hat. Heute ist die Arbeit leider anders organisiert. Einzelne Arbeiter bedienen Maschinen für Stuhlbeine oder für die Lehne oder die Sitzfläche. Keiner sieht mehr den ganzen Stuhl oder den Kunden. So wird der Arbeiter von dem Produkt und dem Käufer entfremdet. Das ist nicht gesund.

LOTHAR: Prinzipiell bin ich ganz deiner Meinung in Bezug auf das von dir gebrachte Beispiel. Es bleibt aber die Frage, wie wir dieses Ziel erreichen können. Wenn wir vorübergehend die Arbeitsabläufe zergliedern, dann gewinnen wir aufgrund geringerer Kosten Freiräume, die wir nutzen können für eine Bildungsoffensive.

MÜTZE: Du malst dir deine Welt, wie sie dir gefällt. Die

Wirklichkeit sieht anders aus. Die von dir angesprochenen Freiräume werden von den Mächtigen und Besitzenden genutzt – oder genauer gesagt verprasst. Das gemeine Volk hat nichts davon – abgesehen von einem Verlust an Lebensqualität und auch Lebensfähigkeit. Denn wer immer nur mit Hilfe einer Maschine Stuhlbeine herstellt, der verblödet ein Stück weit.

LOTHAR: Wenn wir durch eine Spezialisierung einen Stuhl schneller und günstiger herstellen können, können wir in der gewonnenen Zeit über eine Maschine nachdenken, die den Stuhl von ganz alleine baut. Und dann sind wir frei für Sinnstiftung von ganz anderer Qualität.

MÜTZE: Die Zergliederung der Arbeitsabläufe entfremdet den Menschen von sich und der Arbeit. Grundsätzlich muss Arbeit eine soziale Tat sein. Das gilt sowohl für den Vollzug als auch für das Ergebnis. Menschen müssen bei der Arbeit in Beziehung zueinander treten. Das gilt für Tischler und Stuhlkäufer genauso wie für Dienstleister und Patienten. Ich denke zum Beispiel an Erziehungsarbeit, Altenpflegearbeit und Politische Arbeit. Und selbstverständlich sollte es sein, die eigenen Kinder und die eigenen Eltern erziehen und pflegen zu können.

LOTHAR: Es kann für alle Beteiligten gut sein, wenn die Freiheit besteht, die eigenen Eltern nicht pflegen zu müssen. Ich kaufe auch manchmal gerne in einem großen Kaufhaus ein, wo mich niemand kennt. Ich nutze dann die Freiheit, nicht sozial interagieren zu müssen. Außerdem kann es von volkswirtschaftlichem Schaden sein, wenn hochqualifizierte Arbeitskräfte dem Markt entzogen werden durch Aufgaben, die auch andere wahrnehmen könnten.

MÜTZE: Das lässt sich schwerlich messen. Sich aus dem alltäglichen Trott herausnehmen zu können, zum Beispiel durch Erziehungsarbeit, kann persönlichkeitsbildend sein. So kann man gestärkt wieder in den Arbeitsprozess eintreten. Aber ich bin auch für die Entscheidungsfreiheit. Niemand soll gezwungen werden, seine Eltern zu pflegen. Es muss aber echte Wahlfreiheit geschaffen werden. Das bedeutet, dass die Gesellschaft Einkommensverluste ausgleichen oder zumindest abmildern muss. Das kann zum Beispiel über ein Grundeinkommen geschehen. Den ganzen bürokratischen Aufwand für Kindergeld, Erziehungsgeld, Pflegegeld und so weiter kann man sich schenken, wenn jedem Bürger ein solides Grundeinkommen zugesichert wird.

LOTHAR: Wenn du jedem Bürger etwas zusichern willst, bist du gar nicht weit von Tatze entfernt. Aber das Verhältnis von Sicherheit und Offenheit sollten wir später noch vertiefen.

4. Szene – Lothar und Podest

PODEST: Hallo Lothar! Es freut mich, dich zu sehen. Ich habe gehört, dass du der Wirklichkeit mit Respekt begegnest. Das ist mir auch ganz wichtig. Vielleicht können wir Freunde werden. Auf jeden Fall bin ich an dir und deinen Ideen interessiert.

LOTHAR: Es ist richtig, dass ich die Wirklichkeit respektiere. Und ich bin der Überzeugung, dass vieles, was sich auf den ersten Blick widerspricht, Teil eines sinnvollen Ganzen ist. Die Erde braucht den Nordpol und den Südpol, um im Gleichgewicht zu bleiben. Wenn man alles in einen Topf wirft oder alles auf eine Ebene bringt, dann stört man das natürliche Verhältnis. Es gibt Kräfte, die die

Welt im Innersten zusammenhalten. Diese Kräfte werden am Ende von Raum und Zeit alles Sein durchdrungen haben. Aber zunächst können diese Kräfte die Welt der äußeren Erscheinungen nicht durchgängig prägen. Doch sollten wir darauf vertrauen, dass ganz heimlich, still und leise das Positive sich durchsetzen wird. Sobald wir aber der Entwicklung ins Handwerk pfuschen, verzögern wir den Durchbruch des Guten. Denn wir sind aus eigenem Antrieb nicht wirklich zum Guten fähig.

PODEST: Dieser Ansatz gefällt mir. Aber auch ein Leisetreter hinterlässt einen Fußabdruck – natürlich nicht am Hintern seines Nächsten, sondern am Strand des Meers der Zeit. Hast du Ideen, wie man Füße setzen kann, um der Struktur des Guten zumindest nicht im Wege zu stehen?

LOTHAR: Die wichtigsten Fußabdrücke setzt der Mund. Das Wort prägt die Welt. Nachhaltig kann diese Prägung dann sein, wenn das Wort auch verstanden wird. Die Wortführer müssen also die Sprache des Volks sprechen. Und wichtige Texte müssen einfach und bildreich gehalten werden. Außerdem sollten die Anführer aus einem Mund und nicht mit gespaltener Zunge sprechen. Wenn dann noch die Menschen ihr Herz öffnen für die frohe Botschaft, dann greift das Wort Raum. Wessen Herz voll ist, dem geht der Mund über.

PODEST: Ich habe schon gehört, dass dir Sprache sehr am Herzen liegt. Ich kann mir gut vorstellen, dich zu unterstützen, damit du in Ruhe Sprachbilder formen kannst. In welche Form willst du denn die Worte bringen und wie sollen sie wirken?

LOTHAR: Zentrale Botschaften verwässern, wenn man Kontexte so ausgestaltet, dass abweichende Interpretationen möglich werden. Man muss einen Roten Faden erkennen können. Dieser muss auch bei Ritualisierungen sichtbar werden. Wenn Menschen zusammenkommen um Gemeinschaft zu erfahren, dann muss das Wort im Vordergrund stehen und nicht irgendeine Zauberei. Dann braucht man auch keine Zauberlehrlinge und -gesellen. Ein Meister des Worts reicht aus, um Wirkmächtigkeit zu entfalten.

PODEST: Die Rolle des Wortmeisters ist dir auf den Leib geschnitten. Vielleicht kann ich ein verlängerter Arm sein. Denn ohne deinen Optimismus dämpfen zu wollen, habe ich den Eindruck, dass das Positive manchmal eine starke Hand gebrauchen kann, um sich durchzusetzen.

LOTHAR: Tatsächlich spüre ich in mir einen Energiefluss, der nach außen drängt. Ich weiß zwar nicht so genau, wo die Kraft herkommt, aber ich nehme mich wahr als Durchlauferhitzer. Und schaden kann es natürlich dabei nicht, wenn die Umgebungstemperatur so reguliert wird, dass möglichst wenig Energie verloren geht. Entscheidend ist aber, dass wir uns den Staub von den Füßen schütteln, die falschen Brüder als solche benennen und den Kern der Botschaft in die Mitte stellen.

5. Szene – Mütze (trägt eine rote Kopfbedeckung) und Landpfleger

MÜTZE: Moin! Wie geht's auf dem Acker? Und was sagt der Markt dazu?

LANDPFLEGER: Der Acker ist unser Freund. Aber andere Freunde haben wir nicht mehr. Den Wald und die Flur und die Gewässer hat man uns genommen. Für diese Bereiche will man unsere Kompetenz nicht mehr. Vielmehr herrschen dort nun Ideologie und Willkür. Dabei sollten doch das Wild und der Fisch fachgerecht betreut werden, um der ganzen Gemeinschaft dienen zu können. Und der Markt wird von Zwischenhändlern beherrscht, die ihre Macht ausnutzen, um sich zu bereichern und uns in den Ruin zu treiben.

MÜTZE: Es ist eine Schande, wie man euch behandelt. Ich komme immer mehr zu der Überzeugung, dass das ganze System auf den Prüfstand gehört. Wir müssen uns befreien aus der Knechtschaft. Es reicht nicht, die Versicherungsbranche zu boykottieren. Die Unterdrücker und Ausbeuter müssen vor die Wahl gestellt werden entweder ihr Verhalten zu ändern oder zu weichen.

LANDPFLEGER: Wir haben gehört, dass Lothar im Gespräch mit den Mächtigen ist. Er will versuchen, bessere Rahmenbedingungen für uns herauszuholen.

MÜTZE: Der Rahmen, in dem Lothar arbeitet, ist viel zu klein. Wir müssen das Ganze betrachten für echte Nachhaltigkeit. Glaubt ihr wirklich, dass die Mächtigen freiwillig auf Macht verzichten und die Zwischenhändler ihre Gewinne aus freien Stücken zurückzufahren bereit sind?

LANDPFLEGER: Vielleicht kann Lothar in kleinen Schritten Verbesserungen erreichen, wenn er darauf aufmerksam macht, dass das ganze System an die Wand gefahren wird, wenn die Basis wegbricht. Eine tote Kuh kann man ja nicht mehr melken. Das muss doch auch den Schreibtischtätern einleuchten.

MÜTZE: Wenn die Kuh tot ist, werden sie sich an die Ziege halten. Wehret den Anfängen! Dieser Machtapparat frisst alle Reformansätze auf. Ihr habt das Recht auf ein Leben in Würde. Würdelos ist dabei nicht nur, dass man euch immer mehr den Lohn eurer Arbeit vorenthält. Würdelos ist es auch, wenn man sich das gefallen lässt. Wollt ihr langsam verdursten, weil euer Zugang zum Brunnen immer mehr eingeschränkt wird? Wäre es nicht klüger, dieses Dornengeflecht zu durchtrennen und nach einer Durstphase das Brunnenwasser so zu verteilen, dass jeder das bekommt, was er braucht? Wenn dann der Golfplatz der Neureichen nicht mehr ganz so nassgrün leuchtet, dann bin ich gerne bereit, diesen bei einer Bewusstseinsbildung zu helfen. Aber zunächst muss das Wasser gerecht verteilt werden. Dieser Kampf kann sicherlich nicht ohne Risiko geführt werden. Aber wer nicht kämpft, hat schon verloren.

LANDPFLEGER: Wir schätzen deinen Ansatz. Aber wir stecken in einem Abwägungsprozess. Lothar befürchtet, dass der von dir angesprochene Kampf überwiegend Verlierer haben wird. Und die meisten Verlierer dürften nicht auf der Seite der Mächtigen zu finden sein. Außerdem bleibt die Frage, ob nicht das Leben als solches eine Durststrecke sein kann. Vielleicht kann man innerhalb von Zeit und Raum nur bedingt satt und zufrieden werden.

MÜTZE: Wer sich von solchen Vertröstungsstrategien gefangen nehmen lässt, kann auch gleich einen Versicherungsvertrag unterschreiben. Da ist kaum ein Unterschied. Wer Leben grundsätzlich als Leiden erklärt, verzichtet auf gesellschaftliche Relevanz. Wir müssen die Botschaft im Hier und Jetzt zur Geltung bringen. Es macht keinen Sinn zwischen einem seelisch-geistigen Leben und einem körperlichen Leben zu unterscheiden. Beides gehört zusammen. Genauso sollte man nicht zwischen einem religiösen und einem politischen Bereich trennen. Wer trennt, macht sich zum Steigbügelhalter der Ausbeuter. Es gibt ein Leben und eine Erde und eine Menschheit. Wer tief in sich hinaushorcht und offen ist für spirituelle Erfahrungen, der spürt, dass die Welt nur in Gänze zu heilen ist. Und wir sind die, die auf den Pfaden der Gerechtigkeit wandeln sollten.

3. AKT

1. Szene – *Lothar und Mütze (trägt eine rote Kopfbedeckung)*

MÜTZE: Moin Lothar! Zunächst möchte ich dir danken, dass du neulich ein gutes Wort für mich eingelegt hast, so dass ich den Job bekam, für den ich mich bewarb. Das ist gar nicht selbstverständlich, weil wir ja keineswegs in allen Dingen gleicher Meinung sind.
LOTHAR: Hallo Mütze! Ich habe dich als einen scharfsinnigen Analytiker und als kreativen und sozial engagierten Kopf empfohlen. Deine politischen Grundüberzeugungen sollten deine Fähigkeiten nicht überlagern. Außerdem bist du ja jünger als ich – vielleicht kommst du über berufliche Erfahrungen zu besser fundierten Bewertungen.
MÜTZE: Da du ja älter bist, will ich mich nicht über deinen oberlehrerhaften Ton ereifern. Es geht mir nämlich mehr um das Inhaltliche. Ich will nicht trennen zwischen Beruf und politischer Grundüberzeugung. Und ich will auch nicht durch den Job in die Zelle einer kleinbürgerlichen Existenz gesperrt werden. Die Erfahrungen, die ich mache, dürfen nicht nur innerlich bleiben, sondern müssen in aktive Gestaltung münden.
LOTHAR: Ich hoffe, dass du wirklich offen bist für neue Erfahrungen.
MÜTZE: Ich genehmige mir regelmäßig Phasen der Lan-

geweile, um zu neuen Einfällen kommen zu können und um aktives Sein reflektieren zu können. Und ich sehe die Gefahren der Kurzweil, die in Verbindung steht mit Vergnügungssucht, Oberflächlichkeit und weltlicher Geschäftigkeit. Ich denke schon, dass ich ein Resonanzkörper für die Saiten des Lebens sein kann. Leider werden diese Saiten nur von wenigen geschlagen, viele dürfen kaum etwas zum Lied des Seins beitragen. Und die Melodie ist sich immer ähnlich. Es ist die Melodie der schiefen Machtverhältnisse und der Ausbeutung.

LOTHAR: Ich höre bei dir die immer gleiche Melodie, die zugegebenermaßen gut beim einfachen Volk ankommt. Ich halte es für sinnvoller, einzelne Verse inhaltlich zu prüfen, bevor man zu einem melodischen Urteil kommt.

MÜTZE: Das kannst du haben, Lothar! Zum Beispiel bin ich dagegen, dass Macht über Kinder ausgeübt wird, indem man sie in feste Strukturen presst, statt ihre freie Entwicklung ernst zu nehmen. Man sollte Kinder nicht über ihren Kopf hinweg zu Vereinsmitgliedern machen. Begeisterung sollte in konkrete Aktivität münden können. Daher sollten erst Erwachsene über einen Eintritt entscheiden. Und wer ist für Begeisterung zuständig? Ist es die Satzung oder der Vereinsvorsitzende? Oder kann nicht jeder, der etwas Sinnvolles beizutragen hat, begeistern?

LOTHAR: Zunächst ist die Vereinsmitgliedschaft ein Geschenk. Und Geschenke dürfen auch Kinder annehmen, auch wenn sie dafür nichts tun, denn das ist ja gerade der Charakter eines Geschenks. Und natürlich darf jeder Sinnvolles beitragen. Aber der Maßstab muss immer die Botschaft sein, die in der Satzung steckt. Ein Vereinsvorsitzender trägt dabei die Verantwortung, dass an einem Strang gezogen wird.

MÜTZE: Und natürlich erstellt der Vorsitzende auch brav die Steuererklärung, damit alles seine Ordnung hat. Wenn immer alles seine Ordnung hat, und zwar die Ordnung der Mächtigen, dann kommen wir keinen Schritt weiter auf dem Weg zu mehr Gerechtigkeit.

LOTHAR: Das bestreite ich. Es kann keine absolute Gerechtigkeit geben. Es geht immer darum, dem einzelnen Menschen im Rahmen einer konkreten Situation gerecht zu werden. Ist eine Verteilung von Ressourcen gerecht, wenn niemand etwas bekommt? Herrscht Frieden, wenn alle tot sind?

MÜTZE: Wer von vornherein aufgibt, ist schon tot. Und es gibt so viel zu verteilen. Aber der Verteilungsschlüssel passt nicht. Die Mächtigen haben sich abgeschottet und das Türschloss ausgebaut.

LOTHAR: Das sehe ich anders. Auch ein Verein von scharfen Kritikern am System kann als gemeinnützig anerkannt werden. Und dann kann dieser Verein seine Botschaft unter das Volk bringen und über Bewusstseinsbildungsprozesse Druck ausüben und so das ganze System reformieren.

MÜTZE: Du weißt doch genau wie ich, dass einer offenen Meinungsbildung durch Brot und Spiele enge Grenzen gesetzt sind. Wenn eine Mehrheit sich satt und zufrieden bespaßen lässt, wie kann man den Schwachen und Ausgebeuteten helfen? Eigentlich liegt die Verantwortung für eine solche Hilfe bei einer gesellschaftlichen Führung. Wenn aber eine Führung dieser Verantwortung nicht gerecht wird, dann muss sie abgelöst werden. Solange noch das Feuer brennt, muss das Schwert geschmiedet werden.

LOTHAR: Nun mal langsam, Mütze! Mit Hilfe eines Schwerts wird man nicht satt. Pflugscharen sollte man schmieden. Dann kann man auf eine gute Ernte hoffen.

Und dann sollte der Zehnt der Führung anvertraut werden, damit davon die Bedürftigen versorgt werden können.

MÜTZE: Du träumst, Lothar! Und das Vertrauen auf die Führung wurde schon zu oft elementar enttäuscht. Aber vielleicht lebt es sich für dich recht sanft, Bruder, in Zusammenarbeit mit den Mächtigen.

LOTHAR: Das empfinde ich als ungerecht, Mütze! Willst du mir vorhalten, dass ich mich grundsätzlich über das mir geschenkte Leben freue? Hat nur der Griesgrämige Respekt verdient? Ich bin mir sicher, dass eine positive Veränderung für alle nur im Gespräch mit der gesellschaftlichen Führungsschicht möglich ist. Und ich hoffe, dass du einem solchen Gespräch nicht im Wege stehen willst.

MÜTZE: Und ich hoffe, dass du nicht im Wege stehst, wenn die Gerechtigkeit sich Bahn bricht. Das Schwert der Gerechtigkeit muss sich gegen die Unterdrücker und Besitzstandswahrer richten. Und dabei sind nicht die Bereiche des Geistigen und des Körperlichen zu trennen. Wir müssen auf den Spuren von Amos wandeln, der seine kleinbäuerliche Existenz hinter sich ließ, um mit ganzer Kraft gegen Ausbeutung und Willkür der Mächtigen zu kämpfen.

LOTHAR: Es freut mich, dass du die alten Schriften im Blick hast. Auf deren Wirkmächtigkeit sollten wir vertrauen. Wenn wir auf diesem Wege Bewusstsein bilden, dann werden uns Kräfte zufließen. Allerdings kann man nicht für eine Botschaft des Friedens mit Gewalt eintreten.

MÜTZE: Das, was du Bewusstsein nennst, ist letztlich nur Untertanengeist. Aber ich frage mich, ob du diesen Geist nur predigst, um deine eigene Position zu festigen. Auf jeden Fall aber nützt eine Kopfgeburt dem Leben nicht. Veränderungen müssen auch körperlich erfahrbar werden. Das beginnt schon bei der Weitergabe der Botschaft. Zentrales

Element der menschlichen Erfahrungswelt ist nämlich die vertraute Sprache. Die schönste Stimme kann die Hits der Weltgeschichte trällern. Aber wenn das in einer fremden Sprache geschieht, dann bleibt die spirituelle Qualität auf der Strecke. Das Singen muss also als ganzheitlicher Prozess angelegt sein. Nur so kann Nachhaltigkeit erreicht werden. Dabei muss der Chor sich auch den Dirigenten aussuchen dürfen. Ansonsten klingt das Liedgut nicht wirklich stimmig. Die Botschaft muss konkret Raum greifen und darf nicht nur abstrakt bleiben.

LOTHAR: Du solltest die Bedeutung des ritualisierten Gesangs nicht unterschätzen. Es kann kontraproduktiv sein, wenn man ein geflügeltes Wort übersetzt und dann auf die Goldwaage legt. Der von dir so genannte Hit der Weltgeschichte kann erheblich an Dynamik verlieren, wenn man ihn von der Sprache löst, in der er ursprünglich zu Hause ist. Wenn Omas Kuchen schmeckt, warum sollte man dann nicht ihr Rezept verwenden?

MÜTZE: Oma lebte ein Stück weit in einer anderen Welt. Sie konnte auf weniger Zutaten zurückgreifen. Und sie hatte nicht so gute technische Möglichkeiten. Heute hat sich auch die Geschmackswelt verändert und damit die Anforderungen an einen Kuchen. Aber in einem Punkt gebe ich dir recht. Wir müssen zurück zu den Wurzeln. Aber zu den eigenen! Wir können doch nicht die Lebenswirklichkeit anderer aus anderen Räumen und Zeiten in die Gegenwart transportieren und dann Stimmigkeit erwarten. Die früheren Träger der Botschaft waren in ihrer Welt zu Hause und sprachen ihre Sprache und sangen ihre Lieder und aßen ihren Kuchen. Wenn wir also zu unseren Wurzeln zurückkehren wollen, dann müssen wir in unserer Sprache singen und nach unseren Rezepten backen.

LOTHAR: Die Botschaft trägt die Welt. Und wenn du eine neue Botschaft backen willst für eine vermeintlich bessere Welt, dann entziehst du der Welt den Boden. So machst du dich zu einem Feind des wahren Lebens.

MÜTZE: Die Botschaft muss in der Welt gelebt werden. Als Fremdkörper hat sie keinen Wert. Allenfalls dient sie dann als Beruhigungspille, damit das Volk sich nicht gegen ungerechte Machtverhältnisse wehrt. Lothar, ich warne dich: Stelle dich nicht gegen den Sturm der Geschichte!

LOTHAR: Ein Sturm bringt keinen Frühling. Und im Gegenwind werden dir weder deine scharfen Worte noch dein Schwert etwas nützen.

2. Szene – Lothar und Podest

PODEST: Hallo Lothar! Schön, dass wir uns sehen. Wie geht es dir?

LOTHAR: Danke der Nachfrage – es geht so. Einerseits bin ich zufrieden, dass die Botschaft weiter Raum greift. Und ich bin dankbar für die Unterstützung, die ich auch von dir erfahre. Andererseits sehe ich Brüder am Werk, die vom rechten Pfad abzufallen drohen. Es ist wohl an der Zeit, Grenzen zu setzen. Weder soll die Botschaft verwässert werden, noch darf sie herangezogen werden zur Rechtfertigung von politischen Zielen, die nicht in ihr enthalten sind. Mir scheint, dass einige Eiferer und Revolutionäre Bauernfängerei betreiben wollen. Dem muss ein Riegel vorgeschoben werden.

PODEST: Da bin ich ganz deiner Meinung. Man darf die Deutungshoheit über die Botschaft nicht den Schreihälsen und Verblendeten überlassen.

LOTHAR: Wir müssen aber auch darauf achten, dass die Botschaft nachhaltig etabliert wird. Und wir dürfen nicht ausblenden, dass das einfache Volk immer weniger darauf vertraut, dass die Führung der Gesellschaft sich um eine gerechte Verteilung der Ressourcen bemüht. Wir müssen uns ehrlich fragen, woran das liegt. Wir dürfen nicht mit Leuten zusammenarbeiten, die sich nicht an grundlegende Abmachungen halten. Zum Beispiel kann niemand, der mit Tatze kooperiert, die Botschaft glaubwürdig vertreten. Ich denke da zum Beispiel an deinen Freund Karl A. Brecht, der sich Amt und Würden quasi erkauft hat und dafür einen Kredit aufnehmen musste, den er auf normalem Wege kaum zurückzahlen kann. Also hat er eine lukrative Absprache mit Tatze getroffen, die einen Verrat an der Botschaft bedeutet. Wir können doch nicht mit Verrätern zusammenarbeiten, die lediglich am Eigennutz interessiert sind!

PODEST: Wer seine Überzeugungen durchsetzen will, muss Koalitionen schmieden. Das ist alternativlos. Und wenn eine vorübergehende Kooperation mit jemandem, der mit Tatze koaliert, entscheidend zur Sanierung des Haushalts beiträgt, dann kann eine Abwägung dazu führen, dieses Geschäftsgebaren zwar zu verurteilen, aber dennoch zeitlich begrenzt zu tolerieren.

LOTHAR: Ich hatte gehofft, niemals in eine solche Situation zu kommen, die ich als Zwickmühle empfinde. Ich muss nun wohl darauf setzen, dass alle, die sich an der Botschaft orientieren, von ihr zu guten Werken geradezu getrieben werden. Und wir müssen darauf achten, dass die Botschaft in der Welt des Seelisch-Geistigen unbefleckt bleibt. Dann können wir negative äußere Umstände zumindest vorübergehend ertragen. Es ist also unumgänglich, dass die Mächtigen der Welt sich nicht in die Interpretation der Botschaft einmischen. Das muss den geistigen Führern vorbehalten sein.

PODEST: Ich finde deinen Ansatz gut, zwischen dem Reich der Welt und dem seelisch-geistigen Bereich zu unterscheiden. Und ich fühle mich durchaus in der Lage diejenigen zu schützen, die die Botschaft angemessen zur Entfaltung bringen wollen.

LOTHAR: Das freut mich. Ich möchte aber noch einmal betonen, dass einerseits die Träger einer Botschaft kein Recht haben, das Schwert der Macht und Gewalt in die Hand zu nehmen oder indirekt zu führen. Tatze und seine Versicherungsbranche sind da für mich ein Negativbeispiel. Die versuchen, durch Lobbyarbeit oder direkte Einflussnahme eine Hand an die Hebel der Macht zu bekommen. Aber andererseits darf auch kein Machthaber sich zum geistigen Führer erklären.

PODEST: Inhaltlich bin ich ganz bei dir. Wenn aber nun gerade der Posten eines Vereinsvorsitzenden vakant ist und kein geeigneter Kandidat gefunden werden kann, dann darf sich meiner Meinung nach ein politischer Führer auch zum Sprachorgan seiner geistreichen Berater machen.

LOTHAR: Vielleicht muss das im Einzelfall geschehen dürfen. Aber ich erwarte, dass grundsätzlich Botschaft und Parteipolitik getrennt werden. Nur so kann glaubhaft der in der Botschaft geforderte Verzicht auf Gewalt proklamiert werden, ohne auf den Schutz des Schwerts der Mächtigen verzichten zu müssen.

PODEST: Ich verstehe dich. Einerseits soll ich die Botschaft machtvoll schützen, ohne dabei die Botschaft selbst beachten zu müssen. Und andererseits soll ich mich aus der konkreten Entfaltung der Botschaft heraushalten. Man könnte auch sagen, dass ich dir den Rücken freihalte, ohne dass du dir die Finger schmutzig machen musst. Dir ist aber sicherlich klar, dass eine solche Vereinbarung zwei Gewinner haben muss, damit sie stabil und nachhaltig gelebt werden kann.

LOTHAR: Du bist ohnehin ein Gewinner, wenn ich dir die falschen Brüder vom Leib halte, indem ich das Volk auf Linie bringe. Denn diese Schreihälse wollen dir an den Kragen. Ich will aber noch etwas Wesentliches hinzufügen. Sobald die Botschaft, die ich dem Volk auch durch meine Schriften erkläre, sich nicht mehr frei ausbreiten kann, verlieren die Machthaber das Recht, das Schwert zu führen.

PODEST: Da musst du dir keine Sorgen machen. Ich stehe hinter dir und der Botschaft.

LOTHAR: Wenn ich deine Rückendeckung spüre, dann werde ich weiterhin dafür eintreten, dass das staatliche Gewaltmonopol erhalten bleibt und Kollateralschäden zu ertragen sind, solange prinzipiell die Anhänger der Botschaft geschützt werden. In diesem Fall werde ich einen Waffeneinsatz unter staatlicher Aufsicht in engen Grenzen als Bürgerpflicht und Dienst am Nächsten erklären.

PODEST: Ich rechne es dir hoch an, dass du dich gegen diejenigen wendest, die die Botschaft nach ihrem Bilde gewaltsam durchsetzen wollen. So verschaffst du mir den notwendigen politischen Spielraum.

LOTHAR: Aber du bist verpflichtet, diesen Spielraum zu nutzen, um positive Kräfte zu stärken und destruktive und egoistische Tendenzen zu bekämpfen. Dein politisches Handeln muss am Wohlergehen des einfachen Bürgers orientiert sein. Das Volk darf nicht geknechtet werden, damit es frei wird, Erfahrungen in der Welt des Seelisch-Geistigen zu machen.

PODEST: Wir sind uns alle gegenseitig Knechte und Herren. Das Prinzip steht. In der konkreten Ausführung sollte dann jeder an der Stelle eingesetzt werden, an der er einen Erfahrungsvorsprung und besondere Kompetenzen hat.
LOTHAR: Das Schicksal hat uns verbunden. Ich vertraue darauf, dass unsere Verbindung Frucht bringt im Sinne einer Beförderung der Botschaft.

3. Szene – Lothar und Podest und Mütze (trägt eine rote Kopfbedeckung) und Landpfleger – das Podest besetzt das Zentrum, Lothar bleibt in seiner Nähe – die Landpfleger stehen zunächst am Rand, Mütze bei ihnen

LANDPFLEGER: Wir stellen uns gerne der verantwortungsvollen Aufgabe, die Menschen zu ernähren. Das soll auf nachhaltige Weise geschehen. Um dieser Aufgabe gerecht werden zu können, müssen wir angemessene Erträge erwirtschaften können. Dafür brauchen wir einen direkten Zugang zu den Märkten. Es kann nicht sein, dass Zwischenhändler die Früchte unserer Arbeit ernten. Und die Steuern müssen so bemessen sein, dass uns Luft zum Atmen und Investieren bleibt.
MÜTZE: Unterschiedliche Herangehensweisen bei der Produktion dürfen nicht gegeneinander ausgespielt werden. Die Tendenz, dass die Großen die Kleinen fressen, muss aufgehalten werden. Und die Einkommensschere darf nicht weiter auseinander gehen. Ansonsten drohen soziale Spannungen.
LOTHAR: Wenn wir die gesellschaftliche Ordnung an der frohen Botschaft orientieren, wird sich Gerechtigkeit einstellen.

MÜTZE: Eine Orientierung reicht nicht. Wir müssen die Botschaft auf die Füße stellen. Und dafür brauchen wir Beinfreiheit. Die Machthaber dürfen nicht alle Räume zustellen, indem sie Gesetze erlassen, die auf Unfreiheit zielen.

LANDPFLEGER: Gerne gehen wir einen Weg der kleinen Schritte. Konkret schlagen wir vor, dass mehr Steuermittel vor Ort bleiben und dass die Kommunen sich eigene geistige Führer erwählen können. Ein Bürgermeister muss kein Politiker sein. Er sollte auch als Botschaftsvertreter dem Rathaus vorstehen können, wenn dies die Schwestern und Brüder im Geiste wünschen.

LOTHAR: Dagegen ist im Grunde nichts zu sagen. Ich schätze euren Berufsstand sehr. Ihr habt durch eure Verbundenheit mit der Scholle und die Gnade, andere ernähren zu dürfen, gute Voraussetzungen, um der Gewinnsucht unserer Zeit zu widerstehen. Ich gebe aber zu bedenken, dass nicht eine Kommune allein sich gegen kriegerische Eindringlinge wehren kann. Wir brauchen eine Wehrgemeinschaft. Und dafür brauchen wir einen starken Staat.

MÜTZE: Lasst euch nicht Honig um den Bart schmieren. Der sogenannte starke Staat verteidigt nicht eure Äcker und Hütten, sondern die Paläste. Im Moment bedroht uns nicht der äußere, sondern der innere Feind. Unsere eigenen Machthaber drangsalieren uns. Im Zentrum einer gerechten Gesellschaft dürfen nicht die Ausbeuter stehen. Schafft Platz für eine bessere Welt!

LANDPFLEGER (*treten an das Podest heran*): Im Zentrum sollte die Versorgung der Bevölkerung mit Grundlegendem stehen. Dazu gehören neben Nahrungsmitteln auch Bildung und freie Meinungsäußerung.

PODEST: Grundlegend sind die Rahmenbedingungen, für

die wir stehen. Wir stellen ein Netz zur Verfügung, welches einerseits Sicherheit bietet und andererseits ein freies Kommunizieren der Kräfte des Marktes ermöglicht. Dieses Netz muss aus der Mitte heraus entwickelt werden.
MÜTZE: Lasst euch nicht einwickeln! Die Spinne will Beute machen!
LANDPFLEGER: Wir wollen eine gerade Furche ziehen. Wenn ein Stein im Weg liegt, dann muss er weg.
LOTHAR (*springt auf das Podest*): Gewalt ist keine Lösung! Die Botschaft lässt sich nicht mit dem Schwert durchsetzen. Der Weg zur Gerechtigkeit kann steinig sein. Und wenn ihr Gewalt als Mittel einsetzt, dann liefert ihr euren Gegnern Munition für ein blutiges Eingreifen. Ihr spielt mit eurem Leben! Und wenn ihr es hergebt, dann wird das nichts Positives bewirken!
MÜTZE: Willst du nun an die Vernunft appellieren oder willst du Angst erzeugen? Aber beides wird keine Frucht bringen. Vernünftig ist die Umsetzung von gerechten Strukturen. Und derjenige, der mit dem Rücken zur Wand steht, kann nichts verlieren. Du machst dich lächerlich, wenn du diejenigen in Schutz nimmst, die der Botschaft im Weg stehen.
LOTHAR: Selbst wenn ihr es schafft, kurzfristig an den Machtverhältnissen zu rütteln, so bleibt das nur Symbolpolitik. Die Zeit ist noch nicht reif für den Himmel auf Erden. Und die Zeit braucht zu ihrer Erfüllung weder Gotteskrieger noch einen Heiligen Krieg. Man kann sich nicht gegen die Zeit erheben. Das ist aussichtsloser als ein Kampf gegen Windmühlen!
LANDPFLEGER: (*stemmen sich gegen das Podest*) Hau ruck! Hau ruck! Hau ruck!

4. AKT

1. Szene – Lothar und Podest

PODEST: Guten Morgen, Lothar!
LOTHAR: Das ist kein guter Morgen.
PODEST: Ich stimme dir zu. Ich trauere um sechs aufrechte Bürger, die ihr Leben gegeben haben für die Aufrechterhaltung der staatlichen Ordnung.
LOTHAR: Aufrechte Bürger? Das waren Söldner, gut bezahlt aus Steuermitteln.
PODEST: Es steht dir nicht zu, diejenigen zu beleidigen, die dir deine Stellung in der Gesellschaft ermöglichen.
LOTHAR: Ich empfinde keine Dankbarkeit. Vielmehr spüre ich eine Mitschuld an der Eskalation der Gewalt.
PODEST: Die Gewalt ging von den Landpflegern aus, die sich von Hetzern mit Lust am Umsturz haben anstacheln lassen.
LOTHAR: Mach' es dir nicht zu einfach. Mütze stand grundsätzlich mit beiden Beinen auf dem Boden der Botschaft. Er hat lediglich einen falschen Ansatz gewählt, der Botschaft zum Durchbruch zu verhelfen. Ich trauere um ihn als meinen Bruder, auch wenn wir häufig anderer Meinung waren.
PODEST: Es war richtig und nötig, dass du dich klar von Mütze abgegrenzt hast. Und von ihm ging eindeutig der

Aufruf zu Gewalt aus. Ich trauere um sechs aufrechte Bürger.

LOTHAR: Tausendmal so viele Landpfleger haben an einem einzigen Tag ihr Leben verloren. Und vielleicht ist das noch nicht das Ende des Abschlachtens. Macht dir das gar nichts aus?

PODEST: Ich habe diesen Konflikt nicht gewollt. Und ich habe mich immer für die Botschaft eingesetzt. Wenn jemand sich nachhaltig als unbelehrbar erweist und versucht, dem Rad der Geschichte in die Speichen zu greifen, dann darf er sich nicht wundern, wenn er sich die Finger klemmt.

LOTHAR: Es hat sich niemand die Finger geklemmt. Und es ist auch niemand in einer Schlacht gefallen und hat sich die Knie aufgeschlagen. Tausende von Menschen sind verblutet, Gedärme quollen aus aufgerissenen Leibern. Das Blut klebt an unseren Händen.

PODEST: Wir retten Leben, wenn wir die staatliche Ordnung aufrecht erhalten. Das war auch immer deine Überzeugung.

LOTHAR: Der Blutzoll ist ein unfassbar hoher Preis.

PODEST: Die Welt in Raum und Zeit ist nicht der Himmel auf Erden. So ähnlich hast du das immer wieder formuliert.

LOTHAR: Ich sehne mich nach dem Himmel. Wir werden Barmherzigkeit und Gnade nötig haben.

PODEST: Unsere ganze Kraft sollte nun dem Hier und Jetzt gewidmet werden. Du bist der einzige wahre Träger der Botschaft. Mütze wollte nicht nur uns an den Kragen. Vielmehr hätte er auch im weiteren Verlauf die Botschaft so verfälscht, dass du sie nicht wiedererkannt hättest.

LOTHAR: Das kann sein. Aber ich bin so bedrückt durch seinen Tod und den Tod von mehreren Tausend eigentlich Unschuldigen, die sich einsetzten für bessere Rahmenbedingungen, auf dass sie das Volk nachhaltig ernähren könnten.

PODEST: Die Situation ist, wie sie ist. Du darfst nun nicht aufhören, dich für die Botschaft zu engagieren. Nach einer Zeit der Trauer muss das Leben weitergehen. Und wir sollten positive Akzente setzen. Die frohe Botschaft sollte als solche wieder neu sichtbar werden.

2. Szene – Lothar und Christina und Christian

CHRISTINA: Schau' 'mal! Da vorne steht der legendäre Lothar!
CHRISTIAN: Cool! Ob der uns wohl ein Autogramm gibt? (*wendet sich an Lothar*) Hallo Lothar! Wir freuen uns riesig, dich zu treffen. Ich habe Zettel und Stift dabei. Magst du uns ein Autogramm geben? Das wäre für uns eine tolle Erinnerung!
LOTHAR: Hallo Christina! Hallo Christian! Ich bin gerade sehr unsicher, ob ihr euch später noch gerne an mich erinnern werdet. Wer weiß, wie die Geschichtsschreibung in der Zukunft das Blut an meinen Händen bewerten wird.
CHRISTINA: Ich sehe kein Blut an deinen Händen.
LOTHAR: Auf den ersten Blick trügt der Schein nicht. Aber ich trage zumindest indirekt eine Mitverantwortung für den Tod von so schrecklich vielen Brüdern und Schwestern.
CHRISTIAN: Du hast Position bezogen. Und andere haben eine andere Position bezogen. Entscheidend war, dass du Argumente und Unterstützer auf deiner Seite hattest.
LOTHAR: Ich dachte auch immer, dass ich der Gestalter

eines notwendigen Wandels war. Aber vielleicht haben die von dir so genannten Unterstützer mich einfach nur benutzt.

CHRISTINA: Du hast die Gegenwart neu auf die Spur gesetzt und nun fährt sie in Richtung Freiheit. Hättest du alle Triebwagen ausgetauscht, dann wäre diese Dynamik nicht möglich gewesen.

LOTHAR: Dynamik ist kein Wert an sich. Ich kann den einen Zug nicht sehen. Ich fürchte, dass viele Wagen abgekoppelt werden und etliche Lokomotivführer einen eigenen Kurs einschlagen.

CHRISTIAN: Ohne Lokomotivführer hättest du es lediglich bis zu einem Abstellgleis geschafft.

LOTHAR: Das ist immer noch drin. Ich fürchte, dass die Lokomotivführer die Wagen abstellen, die aus ihrer Sicht keine Energie für den Antrieb bereitstellen.

CHRISTINA: Ich denke, dass die Führer ihre Fahne ein Stück weit in den Wind hängen müssen, um ihre Macht zu sichern. Und dann können auch die Wagen eine Bedeutung erfahren, die vom Volk angeschoben werden. Du hast den Zug mit Hilfe der Lokomotivführer ins Rollen gebracht. Und nun kann er nicht mehr aufgehalten werden. Hättest du dich selbst zum Führer ernannt, dann wärst nicht nur du Geschichte, sondern auch die frohe Botschaft. Denn ein Machtapparat hat eine kurze Halbwertszeit. Aber ein Volkszug kann eine Tiefenwirkung entfalten.

LOTHAR: Aber habe ich nicht wichtige Teile des Volks zumindest abgehängt, wenn nicht sogar auf dem Gewissen?

CHRISTIAN: Es gab und gibt nicht die perfekte Lösung. Deine Stärke ist ein mutiges Voranschreiten, ohne dass du dich von Rückschlägen hättest aufhalten lassen. Das solltest du beibehalten. Wir sind beeindruckt von deiner Tatkraft.

LOTHAR: Habt vielen Dank für eure aufmunternden Worte.

CHRISTINA: Du bist tatsächlich für uns ein Vorbild. Denn wir wollen nicht nur auf den Zug aufspringen – das haben wir schon gemacht. Die Botschaft ist uns ans Herz gewachsen und bietet Heimat. Vielmehr wollen wir auch Schmiermittel sein, damit der Zug leichter läuft.

CHRISTIAN: Wir glauben, dass man dafür das Rad nicht neu erfinden muss. Eine Fahrt läuft dann geschmiert, wenn man zusammenhält, sich respektiert und wertschätzt.

CHRISTINA: Und eine große Portion Gelassenheit befördert auch ungemein.

CHRISTIAN: So, Lothar, nun ist es aber Zeit für ein Autogramm.

LOTHAR: Gern.

3. Szene – Lothar und Käthe

LOTHAR: Hallo Käthe! Die Zeit des Aufbruchs auf breiter Front hin zu einer neuen Lebendigkeit der Frohen Botschaft ist jäh gestoppt worden. Vielleicht brauchen wir nun eine Phase der Konsolidierung.

KÄTHE: Ich kann mir durchaus eine romantischere Form eines Heiratsantrags vorstellen. Aber ich will nicht so kleinlich sein. Ja, ich will!

LOTHAR: Oh, ich bin fast ein wenig überrascht über diese klare Aussage. Aber ich freue mich natürlich. So kann Heilsgeschichte konkrete personalisierte Form annehmen.

KÄTHE: Du musst ja nicht gleich übertreiben mit solchen Konkretisierungen. Glücklicherweise weiß ich, wie ein Haushalt zu führen ist. Und ich habe auch Ideen für ein Geschäftsmodell auf Basis einer größeren Haushaltsgemeinschaft.

LOTHAR: Aber du weißt schon, dass ich kein Hotelmanager bin?

KÄTHE: Das ist mir vollkommen klar. Aber du bist ein anerkannter Lehrer. Und Schüler brauchen Rahmenbedingungen, in denen sie lehrreiche Erfahrungen machen können. Diese Bedingungen will ich ihnen bieten. Ich denke da an eine Win-Win-Situation.

LOTHAR: Dafür bräuchte man doch ein entsprechendes Anwesen oder zumindest größere finanzielle Mittel. Beides haben wir nicht.

KÄTHE: Glücklicherweise hast du ja Kontakte zu Politikern und Bankern. Deine Kreditwürdigkeit ist hoch. Und du hast eine anerkannt gute Figur gemacht in der Auseinandersetzung mit den fehlgeleiteten Verkündern der Frohen Botschaft.

LOTHAR: Wenn ich diese Kontakte ausnutze, dann mache ich mich abhängig.

KÄTHE: Keine Sorge, Lothar! Diese Abhängigkeit ist beidseitig. Die politische Führung braucht dich, um das Volk auf Linie und bei Laune zu halten.

LOTHAR: Das ist nicht gerade die Form von Freiheit, die mir am Herzen und auf der Zunge liegt. Außerdem habe ich Bedenken, ob sich das Kreditwesen mit der Frohen Botschaft verträgt. Wer seinen Nächsten liebt, nimmt keine Zinsen.

KÄTHE: Diese beiden Bereiche sollten wir nicht vermengen. Die Welt des Seelisch-Geistigen und das Feld der gesellschaftspolitischen Entscheidungen müssen getrennt betrachtet werden. Das war doch auch immer Basis deines Ansatzes. Warum sollte das nicht für Fragen des Kreditwesens gelten? Wenn jemand einem anderen Geld überlässt, dann verzichtet er auf mögliche Vorteile und das muss kompensiert werden. Nur über ein funktionierendes Bankensystem kann ein Aufschwung nachhaltig eingeleitet werden.

LOTHAR: Glaube muss in der Welt gelebt werden. Und die Welt ist ein Ort des Heilsgeschehens. Der Bankkaufmann kann doch nicht seinen Glauben an der Garderobe abgeben, wenn er in sein Büro geht.

KÄTHE: Keineswegs! Der von der Frohen Botschaft inspirierte Bankkaufmann wird einen Kreditvertrag fair gestalten. Beide Seiten müssen gut mit einem solchen Vertrag leben können. Beide Seiten sollen Gerechtigkeit erfahren. So können Politik und Religion sich gegenseitig befruchten. Das gilt auch für eine Ehe. Jeder hat seinen Arbeitsbereich. Aber eine Befruchtung kann eine schöne Horizonterweiterung bedeuten. Verstehst du, was ich meine?

LOTHAR: Ich denke schon, Käthe! Du erklärst gerade, dass die additive Verknüpfung zweier Elemente verschiedener Mengen einen konkreten Gewinn bedeuten kann. Oder einfacher gesagt: eins plus eins kann größer als zwei werden.

KÄTHE: Das hast du schön gesagt. Die Vergrößerung sollte sich sowohl quantitativ als auch qualitativ einstellen. Denn das unstete Leben eines Wanderpredigers wird sicherlich an Qualität gewinnen bei Eintritt in eine familiäre Struktur.

LOTHAR: Ich sehe da eine ganz neue Form des Heilsgeschehens auf uns zukommen. Und die Erfahrung von Heil und Heimat kann dann ausgehend von der Familie ausstrahlen auf andere Bereiche der Welt.

KÄTHE: Ich freue mich, dass wir in Zukunft noch mehr

an einem Strang ziehen wollen, Lothar! Ich kann es kaum abwarten!

LOTHAR: Ich will ja nicht den Bedenkenträger geben. Aber ist der Zeitpunkt nicht ungünstig? Das Volk trauert. Tausende haben in den letzten Wochen ihr Leben verloren.

KÄTHE: Das Volk braucht positive Zeichen, damit es neue Hoffnung schöpfen kann. Wir können ein solches Zeichen setzen.

LOTHAR: Du hast mich überzeugt. Ich freue mich.

4. Szene – *Lothar und Plakatträger; auf dem Wendeplakat ZEIT (in schwarzer Schrift) und EWIGKEIT (in roter Schrift)*

LOTHAR: Ich grüße dich, der du trägst die Botschaft der Welt. Vielleicht ist das noch zu kleinmütig ausgedrückt. Du trägst wohl nicht nur die Botschaft. Auf jeden Fall trägst du schwer.

PLAKATTRÄGER: *(verneigt sich, nimmt das Plakat auf und zeigt ZEIT)*

LOTHAR: Ja, wir stehen in der Zeit. Aus der Nummer kommen wir im Hier und Jetzt nicht so einfach heraus. Und es bleibt uns nichts anderes übrig, als Zeit zu prägen und von ihr geprägt zu werden. Das sollen wir so gut machen wie irgend möglich. Aber aus uns selbst heraus sind uns enge Grenzen gesetzt bezüglich des Versuchs, positiv zu gestalten. Vielleicht ist das ganz gut. Denn Selbstgerechtigkeit verhindert Fortschritt. Eine dynamische Implantierung der Frohen Botschaft gelingt wohl eher, wenn wir immer wieder an uns selbst scheitern. Dennoch brauche ich Anschluss an eine Kraftquelle, damit ich nicht in Resignation verfalle. Ich brauche Hoffnung und das Gefühl grundsätzlich angenommen zu sein.

PLAKATTRÄGER: *(zeigt EWIGKEIT)*

LOTHAR: Ja, die religiöse Erfahrung kann diese Hoffnung bringen. In der Endlichkeit kann ich so ein Stückchen Unendlichkeit spüren. In Momenten einer tiefen Innerlichkeit bin ich bei Gott. Und wenn ich dann wieder neu in die Welt trete, dann erlebe ich sie ein wenig mehr durchgeistigt. Ohne uns Menschen als Geistträger wäre die Welt zwar natürlich im wahrsten Sinne des Wortes, aber eben auch ohne Bewusstsein und damit getrennt von Gott. Und für eine neue Einswerdung von Welt und Gott braucht es den Menschen. Der Geist Gottes findet nur über den Menschen den Weg in die Welt. Und erst in der durchgeistigten Welt kann sich Gott erkennen. Diese Erkenntnis bedeutet dann eine Überwindung der Selbstentfremdung Gottes und schließlich auch eine Personalisierung. Und diese Personwerdung bedeutet die Möglichkeit einer himmlischen Heimat für uns Menschen. Denn nur von Angesicht zu Angesicht können wir lebendige Heilung erfahren.

PLAKATTRÄGER: *(zeigt ZEIT)*

LOTHAR: Ich stimme dir zu. Es darf nicht um Abgehobenheit als Weltflucht gehen. Wir müssen uns immer wieder neu in die Welt einbinden. Das Wort muss Fleisch werden. Es braucht einen fortwährenden Energiefluss zwischen Geist und Welt. Dafür müssen wir eine Offenheit bewahren. Semipermeabilität ist das Stichwort. Offenheit darf nicht zu Auflösung führen. Ein Taucher muss sich im Wasser wohl fühlen. Aber er muss in der Lage sein, unter Wasser den Mund zu öffnen, ohne zu trinken. Glücklicherweise klappt das grundsätzlich, ohne dass wir darüber nachdenken. Wir müssen das nicht begreifen. Einerseits sind dafür unsere Hände zu klein und andererseits hat Wasser die Eigenschaft, zwischen den Fingern zu zerrinnen. Wir können einfach loslassen. Dann sind wir bereit zu einer Annahme von neuer Lebensqualität. Das Loslassen hat aber nichts zu tun mit Hängenlassen und Nichtstun. Für die Annahme eines Geschenks muss die Ausgangssituation stimmen. Man muss zur richtigen Zeit am richtigen Ort sein. Dafür braucht es viele kleine Schritte. Das geht nicht ohne Arbeit und Disziplin. Wir brauchen einen langen Atem, um die Frohe Botschaft nachhaltig in der Gesellschaft zu verankern.

5. Szene – Lothar und Käthe und Plakatträger; auf dem Wendeplakat HOCHZEIT (erweitert aus der Vorszene durch eine rote Vorsilbe) und LIEBE (auch farblich erwachsend aus EWIGKEIT, also rot)), am Rand das Podest

KÄTHE: Ich freue mich riesig, dass du, lieber Plakatträger, unser Trauzeuge sein willst. Ich kann mir keine schönere Begleitung in den heiligen Stand der Ehe vorstellen.
PLAKATTRÄGER: (*zeigt HOCHZEIT*)
LOTHAR: Ja, unser Stand wird sich nun ändern. Das gilt zumindest für den privaten Stand. In Bezug auf den gesellschaftlichen Stand bin ich ja mit Augustin der Meinung, dass eine Veränderung des Stands nicht Ziel eines Lebens sein sollte. Das gilt insbesondere für eine Veränderung durch eine Kreditaufnahme. Vielmehr geht es um ein gottgefälliges Leben in dem Stand, in den man hineingeboren wurde. Eine gesunde Gesellschaft braucht den Nährstand, also begeisterte Landpfleger, und den Wehrstand, der von den weltlichen Führern zu organisieren ist, und den Lehr-

stand, zu dem ich mich rechne. Die unterschiedlichen Stände sollen sich zu einem sinnvollen Ganzen ergänzen. Ein gutes Zusammenspiel dieser Kräfte erzeugt Harmonie.
KÄTHE: Danke, Lothar, für diese Belehrung. Du nutzt wirklich jede Gelegenheit standesgemäß zu agieren. Glücklicherweise lehrt mich die Erfahrung mit dir, dass du einem zeitweisen Wechsel vom Lehr- in den Nährstand nicht abgeneigt bist – jedenfalls, wenn ich für diesen Wechsel verantwortlich zeichne und du dich an den gedeckten Tisch setzen kannst.
PLAKATTRÄGER: (*zeigt LIEBE*)
LOTHAR: Liebe geht eben durch den Magen.
KÄTHE: So sehen das wohl auch die edlen Spender der fürstlichen Geschenke. Es handelt sich dabei durchgängig um herausragende Tropfen aus den besten deutschen Kellern.
LOTHAR: Im Wein steckt ja auch ein himmlischer Gruß. Die Sonne steht im Zentrum des Reifungsprozesses der Trauben. So soll auch Gott im Zentrum menschlicher Reifung stehen.
KÄTHE: Ich spüre den göttlichen Segen, der uns zufließt. Dadurch werden wir die Hochzeit als Stückchen Himmel auf Erden erfahren können.
PLAKATTRÄGER: (*zeigt HOCHZEIT*)
LOTHAR: Wohl dem, der offen ist für segensreiche Erfahrungen. Diese Offenheit ist heutzutage leider nicht mehr selbstverständlich. Früher spürten fast alle Menschen die Ausstrahlung von Kraftfeldern, die auf Gott zurückgehen. Und die meisten alten Philosophen hatten eine Ahnung von göttlichen Kraftquellen, die sie lediglich unterschiedlich benannten. Manche sprachen von Wahrheit und Vernunft und der innewohnenden Möglichkeit des Strebens

nach dem Guten. Andere spürten Unendlichkeit und das Absolute.

KÄTHE: Diese philosophische Betrachtung hat sicherlich ihren Reiz. Für mich ist aber entscheidend, wie diese Kraft fruchtbar gemacht werden kann für das Hier und Jetzt.

LOTHAR: Die wichtigste Voraussetzung dafür ist das Vertrauen darauf, dass diese Kraft wirkt. Wer vertraut, dem fällt das Heilsgeschehen ein Stück weit schon im Hier und Jetzt zu. Wer nicht vertrauen kann, der wird Leben als Leiden erfahren.

LOTHAR (*zu Käthe*): Ich bin voller Hoffnung und Zuversicht, dass unserer Verbindung reicher Segen zuteil werden wird.

KÄTHE: Und ich freue mich, dass wir diesen Schritt gehen, um Anschluss zu finden an besondere Kräfte. Dieser Schritt wird ein leichter sein.

5. AKT

1. Szene – Christian und Christina

CHRISTINA: Hallo Christian!
CHRISTIAN: Hallo Christina!
CHRISTINA: Hast du schon davon gehört, dass Lothar geheiratet hat?
CHRISTIAN: Na klar! Und nicht nur Lothar hat geheiratet, sondern auch Käthe.
CHRISTINA: Meinst du das jetzt belehrend oder pseudoemanzipatorisch? Es ist doch klar, dass zu einer Heirat immer zwei gehören. Und die Tatsache, dass ich zunächst nur von Lothar sprach, hat nichts mit einer fehlenden Wertschätzung von Käthe zu tun. Lothar ist nun einmal bekannter als Käthe. Und deshalb haben wir ja auch ein Autogramm von Lothar und nicht von Käthe.
CHRISTIAN: Das Wort ist wirkmächtig. Also sollten wir mit vermeintlichen Klarheiten vorsichtig sein. Käthe sollte in einem Atemzug mit Lothar genannt werden, damit deutlich wird, dass eine erfüllende Ehe auf Augenhöhe stattfindet. Zudem will ich anmerken, dass es in anderen Kulturkreisen auch Ehegemeinschaften gibt, die aus mehr als zwei Personen bestehen.
CHRISTINA: Na gut, aber mir erscheint das spitzfindig. Wir befinden uns hier ja nicht in anderen Kultur-

kreisen. Jedenfalls wünsche ich den beiden eine erfüllte Zeit.

CHRISTIAN: Da bin ich ganz deiner Meinung. Was gehört denn für dich zu einer solchen erfüllten Zeit?

CHRISTINA: In erster Linie sollen sie Freude im Umgang miteinander erfahren. Und diese Freude kann dann vielleicht auch ganz konkret Frucht bringen. Du weißt, was ich meine?

CHRISTIAN: Das kann ich mir schon denken. Ich bin aber nicht sicher, ob dieses Fruchtbringen in einem direkten Verhältnis zu einem freudvollen Umgang miteinander stehen sollte. Wie wäre das zum Beispiel gewesen, wenn Lothar nicht Käthe, sondern Karl geheiratet hätte?

CHRISTINA: Natürlich wäre dann ein Fruchtbringen im konkreten Sinne nicht möglich gewesen. Aber warum fragst du in diese Richtung? Willst du mir ein verengtes Frauen- oder Männerbild unterstellen? Ich kann mich gut an Lothars Reden zu Freiheit und Gerechtigkeit erinnern. Wenn Lothar und Karl sich gerecht geworden wären, dann hätte diese Beziehung sicherlich auf irgendeine Weise Frucht gebracht. Vielleicht hätten sie gesellschaftspolitische Entwicklungen angestoßen. Oder vielleicht hätten sie Kinder adoptiert. Jedenfalls ist die konkrete Ausgestaltung bei einer glücklichen Beziehung zweitrangig.

CHRISTIAN: Ich will dir nichts unterschieben. Ich bin einfach unsicher, wie die Botschaft so umgesetzt werden kann, dass sowohl der einzelne Mensch als auch die Gemeinschaft und vielleicht sogar die gesamte Mitwelt gestärkt werden kann. Und ich hoffe im Gespräch mit dir Schritte gehen zu können, um meine Unsicherheit abzubauen.

CHRISTINA: Gut finde ich den Ansatz, kleine Schritte

gehen zu wollen. Dabei sollte der Blick aber nicht zu weit nach vorne gerichtet werden. Bevor du die Welt rettest, solltest du dir selbst gerecht werden. Natürlich könnte es schwer für eine Gemeinschaft werden, wenn das Modell »Lothar und Karl« durchgängig Schule machen würde. Vielleicht würden wirklich Kinder fehlen, die aus der konkreten Mitte einer Beziehung heraus das Licht der Welt erblicken. Aber diese Entwicklung ist doch nicht absehbar. Wir sollten uns nicht ein Gefängnis bauen, indem wir uns ein Schreckgespenst vor Augen führen.

CHRISTIAN: Das hast du schön gesagt. Unser Gespräch hat meine Hoffnung gestärkt, dass Käthe und Lothar genau den Weg gehen werden, der zu ihnen gehört und der sie zufrieden macht.

2. Szene – Käthe

KÄTHE (*steht auf der einen Seite der Bühne*): Ich bin wirklich zufrieden. Es geht mir ausgezeichnet. Das Zusammenleben mit Lothar gefällt mir sehr. Da war ich mir ja zunächst nicht ganz so sicher. Denn wir sind schon verschieden. Aber das macht sich überhaupt nicht nachteilig bemerkbar. Wir nehmen uns so an, wie wir sind. Und wir haben beide eigene Kompetenzbereiche, in denen wir jeweils das letzte Wort haben, ohne uns zu bevormunden. Lothar bringt die Botschaft unter das Volk. Und diese Saat geht auch so auf, dass etliche, die die Botschaft hören, mit uns in einer Hausgemeinschaft leben wollen. Und ich führe den Haushalt.

KÄTHE (*wechselt auf die andere Seite der Bühne*): Man könnte sich natürlich daran stören, dass wir eine recht traditionelle Rollenverteilung leben. Es ist kritisch zu fragen, ob wir eine Beziehung auf Augenhöhe führen. Und es bleibt offen, ob die Art und Weise des Zusammenlebens wirklich zweitrangig ist.

KÄTHE (*zurück auf der einen Seite der Bühne*): Ich kann mir gut vorstellen, dass wir unsere Hausgemeinschaft im engeren Sinne erweitern. Unsere Ehe führt dazu, dass wir jeden Tag an einem Tisch sitzen und in einem Bett schlafen. Für manchen hört sich das vielleicht nach Routine an. Aber wir erleben das durchaus als befreiend. Regelmäßigkeit und Sicherheit sind für uns positiv besetzte Werte. Die Wahrscheinlichkeit, dass sich daraus eine Vergrößerung der Familie ergibt, ist hoch. Wir sind offen für das, was da auf uns zukommen könnte. Es macht einfach glücklich, wenn man harmonisch zusammenwächst! So erhoffe ich mir auch ein Zusammenwachsen von Regionen und Staaten und sogar der ganzen Welt. Das kann gehen, wenn der einzelne Mensch mit seinen Bedürfnissen im Mittelpunkt steht. Man wird eine Nation oder auch eine Welt nicht am Reißbrett entwerfen können. Die Versuchung ist sicherlich groß, einen schönen Rahmen zu setzen, um dann den Menschen einzupassen. Aber auch, wenn man ganz tolle Namen für einen solchen Rahmen findet wie zum Beispiel Gleichberechtigung oder Demokratie, wird man keinen Erfolg haben können, wenn man den Menschen nicht da abholt, wo er steht. Man muss dem einzelnen Menschen in seiner kulturellen Gewordenheit gerecht werden. Dann kann er sich einbinden in ein harmonisches Ganzes.

KÄTHE (*mit anderem Standort*): Allerdings müssen Perspektiven für einen Rahmen entwickelt werden. Bewusstseinsbildung braucht Anhaltspunkte.

KÄTHE (*zurück auf der einen Seite der Bühne*): Das Leben

braucht Anhaltspunkte und Haltepunkte. Aber es gibt einen großen Unterschied zwischen dem Setzen eines Rahmens und dem offenen Angebot von Handlungsperspektiven. Lothar bemüht sich ja darum, solche Perspektiven aufzuzeigen. Ein Aspekt besteht darin, dass der einzelne Mensch erkennt, dass es sinnvoll ist, sich dort Grenzen in Bezug auf das persönliche Handeln zu setzen, wo die Freiheit des anderen eingeschränkt wird. Solche Grenzen führen nicht in die Enge, sondern sie erweitern die Möglichkeiten des Gegenübers und ermöglichen so bei gegenseitiger Wahrnehmung die Erfahrung von Glück.

3. Szene – *Landpfleger und Podest*

PODEST: Werter Landpfleger! Bitte lass' die Faust in der Tasche stecken! Mir ist klar, dass in der Vergangenheit nicht alles optimal lief. Wir haben alle Fehler gemacht. Ich möchte mich dafür entschuldigen, dass ich vielleicht zu wenig auf deine Bedürfnisse geachtet habe.
LANDPFLEGER: Wir können das Vergangene nicht rückgängig machen. Wir müssen es aber mit in die Gestaltung der Zukunft einbeziehen. Wir müssen aus Fehlern lernen. Und wir sind alle Teil der einen Welt, für die wir Verantwortung tragen. Wer diese Verantwortung mittragen will, der soll sich einbringen gemäß seinen Fähigkeiten. Er darf aber nicht auf Kosten anderer versuchen, sich zu bereichern.
PODEST: Es lässt sich auf lange Sicht kein Staat gegen das Volk machen. Das will auch niemand. Damit die Kräfte des Volkes für das Volk gebündelt werden können, muss das Volk zunächst Stellung beziehen. Man kann nicht jemandes Pelz waschen, ohne ihn nass zu machen. Wenn

wir also zum Beispiel Energie verbrauchen wollen, müssen wir auch Energie erzeugen. Und das geht nicht ohne Nebengeräusche. Wenn wir auf die Selbstheilungskräfte des Marktes vertrauen wollen, dann gibt es Verlierer. Wenn wir alle Landpfleger zu Staatsdienern erklären, geht das Moment der freien Gestaltung verloren und dann gibt es keine Gewinner.

LANDPFLEGER: Genau dieses Moment der freien Gestaltung fordere ich von den Trägern des gesellschaftlichen Geschehens. Die Staatslenker dürfen nicht nur die Fahne in den Wind hängen und so allen Entwicklungen hinterher laufen. Sie müssen Perspektiven aufzeigen und mögliche Entwicklungsverläufe skizzieren. Ich gebe ein Beispiel aus meinem Arbeitsbereich. Wo soll ein Apfelbaum gepflanzt werden? Dort, wo er am besten wächst? Da, wo die Apfelpflücker wohnen? Dort, wo die Apfelesser leben? Sollen wir im Winter auf Äpfel verzichten, weil die Kühlung so energieaufwändig ist? Oder sollen wir im Winter Äpfel aus dem Bereich der Südhalbkugel importieren? Ich will nicht, dass eine Staatsführung diese Fragen durch Setzung pseudobeantwortet. Ich will vielmehr, dass das Volk über Konsequenzen informiert wird und dann in freier Abstimmung zu einem Konsens kommt.

PODEST: Ich nehme diese Gedanken gerne auf. Ich sehe aber auch das Problem, dass wir Entscheidungen nicht in voneinander abgegrenzten Bereichen zu treffen haben. Es geht beim Im- und Export nicht nur um Produktpaletten und Energiebilanzen. Es geht auch darum, dass Handelspartner zueinander in Beziehung treten. Handel wandelt! Und wir wollen ja, dass die Welt zusammenwächst. Es wird in Zukunft nicht mehr egal sein, wenn in China der berühmte Sack Reis umfällt.

LANDPFLEGER: Auch diese Überlegungen gehören für mich in den Bereich politischer Führung. Man darf dem Volk ruhig zutrauen, diese Zusammenhänge zu verstehen. Natürlich kann man in einer vernetzten Welt nicht isoliert agieren. Wenn man es zulässt, dass an den Börsen auf den Getreidepreis gesetzt wird, dann wird Hunger auch gemacht. Und wenn man ein immer weiteres Auseinanderklaffen der Einkommensschere nicht verhindern kann, dann darf man sich nicht wundern, wenn soziale Spannungen viele Errungenschaften der modernen Welt in den Hintergrund drängen. Solche Probleme kann man nur im globalen Verbund lösen.

PODEST: Wir sind im Prinzip einer Meinung. Ich gebe aber zu bedenken, dass eine staatliche Führung immer dann Kritik einstecken muss, wenn sie durch Vorschriften Entwicklungen kanalisieren will. Der Bürger fühlt sich dann bevormundet und überwacht und eingeschränkt in seiner freien Entfaltung.

LANDPFLEGER: Solche Maßnahmen müssen aus der Mitte der Gesellschaft heraus vorbereitet werden. Dann erscheinen sie nicht willkürlich.

PODEST: Das sagt sich so leicht. Wenn die Mitte der Gesellschaft sich lieber heraushält, um den Schwarzen Peter der Staatsführung zuzuschieben, dann sind die Ränder im öffentlichen Meinungsbildungsprozess überrepräsentiert. Und so fehlt es mancher guten Initiative an hinreichender Unterstützung.

LANDPFLEGER: Richtig ist, dass jeder als Teil des Ganzen seiner Verantwortung gerecht werden muss. Aber das gilt in erster Linie für die politisch Verantwortlichen. Es gibt Bereiche, die ein Staat nicht aus der Hand geben darf. Eine Privatisierung von Wasser, Gesundheit, Rente, Bildung und

Sicherheit muss verhindert werden. Und das gilt für jeden Staat, also für die ganze Welt. Die Entscheidungsträger dürfen sich nicht freimachen von diesen Verantwortungsbereichen. Vielmehr müssen sie die Gestaltungsfreiräume für eine bessere Welt nutzen.

PODEST: Ich nehme diese Gedanken gerne auf. Ich möchte dich aber noch ganz konkret etwas fragen. Willst du nun das produzieren, was dir wichtig ist? Und willst du die Menge und die Qualität selbständig bestimmen?

LANDPFLEGER: Ich möchte für die eine Welt und für meine Existenzsicherung arbeiten. Damit beides möglich ist, musst du den Rahmen setzen, der durch eine breite Diskussion abgesichert ist.

4. Szene – Tatze

TATZE: Das Versicherungsgeschäft ist in eine tiefe Krise geraten. Wir haben das Vertrauen der Menschen verloren, deren Glück wir sichern wollen. Wir müssen unser Anliegen neu auf die Füße stellen. Meine Aufgabe wird eher darin liegen, Strippen im Hintergrund zu ziehen, da ich als Identifikationsfigur wohl nicht mehr angesagt bin. Zunächst muss die Krise der Glücksverwaltung in der bisherigen Form offen benannt werden. Dann sollte der moderne Freiheitsbegriff, der die Krise auslöste, problematisiert werden. Dabei könnte klar werden, dass Freiheit einerseits immer mit Orientierungslosigkeit einhergeht und andererseits als Freiheit zum Konsum zu einer Entsolidarisierung und in ein neues Gefängnis führt, nämlich dem des Konsumzwangs. Der Ausweg aus diesem Gefängnis liegt in einem Konsumverzicht. Natürlich muss auch die Glücksverwaltung in diesem Sinne verschlankt werden. Das kann dazu führen, dass etliche Kompetenzen an die Basis gegeben werden müssen. So kann dann ein Kompetenznetz entstehen. Wichtig ist natürlich, dass der rote Faden in verantwortlicher Hand liegt. Jedenfalls kommt man so den nach Glück Suchenden entgegen, die intuitiv spüren, dass die Verbindung von Wirtschaftswachstum und Konsumzwang in eine Sackgasse führt. Das liegt nicht nur an Pseudofreiheit, sondern auch daran, dass an dieser Form des Wachstums nur wenige profitieren. Das führt zu Ungleichheit, die wiederum Armut vieler erzeugt. Die Lösung dieses Problems führt vom Konsumverzicht zu einer neuen Solidargemeinschaft. In dieser Gemeinschaft können Beziehungen auf einem höheren Niveau gelebt werden, da die Fesseln des Immermehr und des Habenwollens abgestreift wurden. Demut als Mut zum Dienen kann dann als Wert wieder hoch im Kurs stehen. Wir von der Glücksverwaltung sollten dabei mit gutem Beispiel vorangehen, damit uns niemand das Recht abspricht, lohnende Ziele für das Ausleben von Demut zu definieren.

5. Szene – Mütze (trägt eine weiße Kopfbedeckung)

MÜTZE: Ich bin immer aufgestanden gegen Ungerechtigkeit. Ich bin den geraden Weg gegangen. Und ich werfe mir nichts vor. Nun sitze ich nicht mehr zwischen den Stühlen. Ich sitze gar nicht mehr. Im engeren Sinne gehöre ich nicht mehr dazu. Aber aufgrund meiner inzwischen erworbenen Weisheit ist mir klar geworden, dass dem engeren Sinn die hoffnungsvolle Perspektive fehlt. Wir müssen den Blick weiten. Dabei kann ich nach wie vor helfen. Denn ich bin über einen geheimnisvollen Energiefluss verbunden mit allem, insbesondere mit jenen, die mich als einen wichtigen Berater wahrnehmen. Immer wieder neu tauchen ja wichtige Fragestellungen auf. Soll man Börsennachrichten in der Tagesschau verbieten? Soll man bei großen Unternehmen ein Mindestmaß an Belegschaftsaktien fordern, damit Identifikation möglich bleibt? Verdient der immer stärker aufgeblähte Dienstleistungssektor den Namen Wertschöpfung? Oder sollte man einen ganzheitlichen Arbeitsbegriff zu neuem Leben erwecken? Ist das sogenannte Ehrenamt wirklich eine Ehre oder verhindert es Möglichkeiten der Existenzsicherung durch Erwerbsarbeit? Mir liegen Fragen zur Arbeitswelt sehr am Herzen. Denn Arbeit prägt den Menschen. Daher sollte sie einerseits sinnstiftend sein und andererseits auch existenzsichernd. So gewinnt man Freiheit und kann sie nutzen für ein harmonisches Miteinander in der einen Welt.

6. Szene – Lothar

LOTHAR: Ich fühle mich gut. Die Zeit hat Wunden geheilt. Ich arbeite gern. Dabei spüre ich, dass meine Arbeit von vielen als bereichernd empfunden wird. Und ich bin ein Familienmensch geworden. Das hätte ich mir als junger Mann so nicht vorstellen können. Diese beiden Bereiche, die Arbeit und die Familie, sind die beiden Pole in meinem Leben. Dabei muss ich keinen Spagat ausführen, um die Verbindung beider Pole spüren zu können. Denn in der von Käthe organisierten Hausgemeinschaft hat beides Raum. So erfahre ich auch keinen Sprung zwischen der Gedankenwelt und der konkreten und aktiven Gestaltung der Mitwelt. Beides gehört zusammen. Das gilt auch für Religion und Politik. Man kann sie zunächst als voneinander getrennte Bereiche wahrnehmen. Das ist auch sinnvoll, wenn man auf diese Weise ein Heilsgeschehen befördern kann. Aber letztlich gibt es eine Welt und einen Menschen, der nicht zwei Herzen in seiner Brust trägt. Natürlich ist es eine Frage des Standpunkts, welchem Pol man sich im Hinblick auf ein bestimmtes Problem mehr verbunden fühlt. Aber man sollte auch immer offen sein für die Signale aus der anderen Richtung. Die beiden Pole kann und darf man übrigens nicht ineinander überführen. Dann würde die Welt aus den Fugen geraten. Denn Entwicklung braucht Polarität. Erst die Vollendung des Heilsgeschehens bringt die Verdichtung von Sein und Bewusstsein in einem neuen Leben ohne Raum und Zeit. Bis dahin werden sich immer Podeste manifestieren. Und man wird sich mit ihnen arrangieren müssen, wenn es auch manchmal schmerzt. Jede Gegenwart will aktiv und verantwortlich gestaltet werden. Jeder Moment ist ein Schritt auf dem Weg der Transformation des Irdischen in ein neues Sein. Die Botschaft wie auch diejenigen, die sich an der Botschaft orientieren, gehören in die Welt. Und alles Handeln dieser energetisch aufgeladenen Menschen in der Welt dient der Heilung.

7. Szene – im Vordergrund Grünwald, im Hintergrund mit Isenheimer Gesten Plakatträger, Hans, Lenchen, Jo und Mutter; auf der einen Bühnenseite Lothar und Käthe und Christian und auf der anderen Bühnenseite Mütze (trägt eine weiße Kopfbedeckung) und Christina; auf dem Wendeplakat FOLGT! und 11

GRÜNWALD: Moin! Mein Name sei Programm. Ihr erinnert euch? Es geht mir um eine Neubegrünung des Walds. Wir haben zu dem Thema nun manchen Standpunkt wahrgenommen und einige programmatische Reden gehört. Es bleiben aber etliche Fragen in Bezug auf die praktische Umsetzung offen. Wir sind alle so klein und unscheinbar und wollen die Welt retten. Kann das gehen? Ich will an dieser Stelle nicht weiter theoretisieren. Vielmehr will ich alle Interessierten an der Vorbereitung eines Fußballspiels teilhaben lassen. Gemeinsame Bewegung führt ja zusammen und wirkt ausgleichend und integrierend. Meine alten Freunde sind alle am Start. Weiterhin haben wir uns Gäste eingeladen, damit wir ein Team voll bekommen. »Elf Freunde sollt ihr sein!« heißt es ja. *(Plakatträger zeigt 11)* Brauchen die Jünger des runden Leders nicht zwölf Mitglieder? Der zwölfte Mann beim Fußball ist immer der Zuschauer, der das Team unterstützt. Dieser Spruch ist nicht von mir. Deshalb möge man sich nicht am zwölften »Mann« stoßen. Zufälligerweise ist unsere Nummer zwölf aber männlich. *(Plakatträger kommt aus dem Hintergrund hervor und stellt sich an die Seite)* Der Plakatträger wird zwar keinen Fangesang anstimmen, aber er hält die Botschaft hoch. Ich übernehme die Rolle des Torwarts. *(Grünwald geht in den hinteren Bereich)* Das liegt an meinem Posten als Bildungsbeauftragter. Bildung soll ja die Nummer eins sein! Defensiv spielen wir mit einer Viererkette. Lenchen deckt gegnerische Stürmer mit Liebe zu. Mutter räumt vor dem eigenen Tor kraftvoll auf. Jo begleitet die Besucher der eigenen Hälfte auf intensive Weise. Und Hans bewertet die Spielsituationen mit seinem Zeigefinger und gibt Anweisungen. *(Lenchen, Mutter, Jo und Hans stellen sich nacheinander vor Grünwald auf einer*

Höhe auf) Davor agieren Lothar und Mütze als Doppelsechs. *(Lothar und Mütze stellen sich vor die Viererkette)* Sie sind die Taktgeber im Mittelfeld und ergänzen sich ausgezeichnet: Lothar hat defensive Stärken und Mütze kurbelt die Offensive an. Christian und Christina bilden mit ihrer frisch-forschen Art die Flügelzange. *(Sie stellen sich nach vorne-außen)* Und Käthe gibt die Vollblutstürmerin. *(Sie stellt sich in den vorderen Bereich)* Käthe taucht unvermutet mal hier und mal dort auf und vollstreckt dann in Abstaubermanier. Sie setzt aber auch andere in Szene, indem sie ihre Bindungskraft und Harmoniefähigkeit einsetzt.
ALLE: Wir sind das Team!
GRÜNWALD: Nun kann es losgehen. Wer die Bewegung vom Ich über das Du zum Wir geschafft hat, der ist teamfähig. Wir sollten uns nun direkt vor dem Spiel noch ein Stimmungsbild machen, indem wir die einzelnen Spieler zu Wort kommen lassen.
LENCHEN: Wer Liebe erfahren möchte, muss Liebe geben.
MUTTER: Wer sich nicht für den anderen 'reinhängt, gehört nicht zum Team.
JO: Wer sich auf den anderen einlässt, gewinnt Persönlichkeit.
HANS: Wir verteidigen auf einer Linie! Niemand geht dahin, wo er nicht gebraucht wird!
LOTHAR: Woran du deine Energie gibst, das ist dein Ziel!
MÜTZE: Der Teamgeist muss Gestalt annehmen auf dem Platz!
CHRISTIAN: Wer frohen Mutes nach vorne strebt, ist frei!
CHRISTINA: Hoffnung und Vertrauen sind wichtiger als eine taktische Analyse!
KÄTHE: Der sanfte Wind in mir kann sich in der Welt als Erfolgssturm Bahn brechen! Ich kann zwar nicht verhin-

dern, dass Hindernisse auf meinem Weg auftauchen. Aber ich kann Klippen umschiffen.

GRÜNWALD: Wir haben gehört, dass die Grundeinstellungen stimmen. Das ist das Entscheidende für ein gutes Spiel. So kann man das Potential auf schöne Weise zur Entfaltung bringen. Die innere Haltung, der Teamgeist und die gelebte Eintracht können dann auch Eindruck machen auf andere Teams und Zuschauer. So können wir alle zu einem Team zusammenwachsen. Wer auf diesem Wege nachfolgt, wird frei.

ALLE: Wir sind, was folgt! *(währenddessen zeigt der Plakatträger FOLGT!)*

GRÜNWALD: Dem aufmerksamen Betrachter wird nicht entgangen sein, dass in unserem Team noch ein Spieler fehlt. *(Zum Publikum gewandt)* Überlegt euch, ob ihr einsteigen wollt in dieses Team. Dann könnt ihr Heimat erfahren und einen Beitrag leisten für eine bessere Welt. Seid Teil des Teams! Folgt!

ALLE: Wir sind, was folgt! *(dreimal; währenddessen zeigt der Plakatträger FOLGT!)*

Erläuterung

Mit Lothars Thesen aus dem Jahr 1517 begann die Neuaufrichtung der Verkündigung der Botschaft. Grundlagen für diese Entwicklung wurden schon vorher ansatzweise gelegt. Sichtbar wurden diese mit der Fertigstellung des Isenheimer Altars im Jahre 1516 durch Grünwald. Der zeigt die Kreuzigungsszene mit fünf Personen. Darunter ist auch Hans, der nach biblischer Aussage schon viele Monate zuvor Kopf und damit Leben verlor. Eine solche symbolische Darstellung war für die damalige Zeit neu und bahnbrechend. So konnten später Brot und Wein sowie Leib und Blut nebeneinander stehen bleiben. Naiv wäre es, aus der Darstellung Grünwalds zu schließen, dass Hans der Kreuzigung beiwohnte oder Grünwald diese Annahme zuzuordnen. Aber man darf auch nicht aufgrund historischer Forschung bei der Behauptung verharren, dass Grünwald Unsinn kreierte. Vielmehr hat die symbolische Darstellung Recht und Sinn, da sie die Erfahrung repräsentiert, dass die Botschaft immer wieder neu auf ihren Grund, nämlich den Verstummten, bezogen werden muss.

Hans weist mit seinem Zeigefinger auf den ans Holzkreuz genagelten Verstummten und spricht: »Illum oportet crescere me autem minui.« Jener soll wachsen, ich aber (an Bedeutung) verlieren. Über dem Verstummten hängt das berühmte Plakat, welches auf seinen Geburtsort und den in höhnischer Absicht gewählten Titel hinweist. Auf der anderen Seite des Kreuzes befinden sich Jo, der die in Ohnmacht fallende Mutter in den Armen hält, und Lenchen, die mit gefalteten Händen zu dem Verstummten aufblickt. Die Gesichter der Beteiligten aber auch der Hintergrund mit dem fahlen Licht einer Sonnenfinsternis zeigen Leid. Der Betrachter empfindet Mitleid. Aber die Aussage von Hans kann auch als Aufruf zur Orientierung an der Botschaft des Verstummten verstanden werden.

Der Aufruf wurde gehört. Insbesondere die Unterprivilegierten des Römischen Reiches spürten Rückenwind. Als sich die Kirche dann etablierte, wurde sie zum Machtfaktor. Und Macht korrumpierte. So entstand ein Dornengeflecht aus weltlichen und (vermeintlich) geistlichen Einflussfaktoren. Dieses Geflecht erstickte immer mehr das einfache Leben. Viele Landpfleger sangen ein Lied davon. Sie wollten verantwortlich mit Boden und Wasser umgehen, sahen sich aber im Würgegriff von Politik und Ökonomie. Auch Grünwald saß zwischen den Stühlen. Einerseits war er angewiesen auf zahlungskräftige Kunden wie Karl A. Brecht, andererseits spürte er zunehmend ungerechte gesellschaftliche Strukturen. In seinem Nachlass fand man die Zwölf Artikel der Landpfleger. Insbesondere aber ist Lothar zwischen die Fronten geraten. Kurt Friedensreich rettete Lothar nicht nur das Leben, sondern bot ihm auch eine Plattform für eine Neuaufrichtung der Botschaft. Lothar nutzte das Podest. Er sah kein anderes tragfähiges Konzept. Und er hoffte, das Podest so umbauen zu können, dass die Menschen sich gegenseitig gerecht werden konnten. Eine Stütze dieses Umbaus sollte seine Zwei-Reiche-Lehre sein, der ein komplementäres Verhältnis von weltlichem und geistlichem Bereich zu Grunde liegt. Doch diese Pole drifteten im Laufe der Zeit immer weiter auseinander. Das wurde Lothar mit Karl A. Brecht ganz konkret vor Augen geführt. Dieser interessierte sich nicht für die theologische Dimension des Ablasshandels, sondern lediglich für die Einnahmen, die er über den Ablassprediger Tatze generierte und mit dem Papst teilte. Karl A. Brecht hatte nämlich horrende Schulden beim Augsburger Bankhaus Fugger, das es ihm ermöglichte, eine eigentlich verbotene Ämterhäufung zu kompensieren. Als nun die gesellschaftlichen Fliehkräfte immer größer wurden, konnte Lothar den Spagat nicht mehr leisten. Er musste sich für eine Seite entscheiden. Aufgrund seiner Biographie fühlte er sich einigen Fürsten gegenüber verpflichtet. Zudem lehnten ihn viele Landpfleger ab. Und er sah im Landpflegeraufstand eine Gefahr für die Neuaufrichtung der Botschaft. Im Gegensatz zu Lothar sah Mütze im Aufstand eine Chance für eine nachhaltige Durchsetzung der Botschaft. Dabei verstanden sich Lothar und Mütze zu Beginn der Neuaufrichtung gut. Lothar bereitete Mütze sogar den Boden, indem er ihn als Vertretung des Predigers der Hauptkirche St. Marien in Zwickau empfahl. Aber im Laufe der Zeit wurde immer deutlicher, dass Mütze in sozialrevolutionärer Tradition die Botschaft vom Kopf auf die Füße stellen wollte. Und dafür wollte er sich Beinfreiheit verschaffen durch eine Läuterung oder später eine Vernichtung der Fürsten. So verwundert es nicht, dass Mütze in seiner sogenannten Fürstenpredigt Lothar als geistloses und sanftlebendes Fleisch zu Wittenberg und als Doktor Lügner beschimpfte. Mütze setzte sich an die Spitze der Bewegung derjenigen, die eine (vermeintlich) ganzheitliche Heilung der Gesellschaft versuchen wollten. In dieser Hinsicht wuchs er Lothar über den Kopf. Und Lothar steckte fest zwischen Mütze und Podest. Aber Lothar bewies den längeren Atem.

In das Lehrstück sind einige verfremdete Zitate aus dem konkreten historischen Geschehen eingearbeitet. Wer beim Versuch einer Zuordnung Hilfe in Anspruch nehmen möchte, kann auf der nächsten Seite eine Gegenüberstellung der Figuren des Lehrstücks mit den Personen der Zeitgeschichte finden.

Dem Werk Grünwalds liegt ein modernes Symbolverständnis zugrunde. Eine ausführliche Erläuterung der Symboltheorie findet sich im Bildungsroman »Bert und Till auf der Suche nach Heimat«, der am Ende kurz vorgestellt wird.

Personen:

Lothar (Martin Luther)
Mütze (Thomas Müntzer)
Podest (Fürsten)
Grünwald (Matthias Grünewald)
Plakatträger (Jesus von Nazareth)
Hans (Johannes der Täufer)
Lenchen (Maria Magdalena)
Mutter (Maria, Mutter Jesu)
Jo (Johannes, der jüngste Jünger)
Landpfleger (Bauern)
Christina (junge Christin)
Christian (junger Christ)
Tatze (Johannes Tetzel)
Käthe (Katharina von Bora)

Als Vertreter der Fürsten ist insbesondere Kurfürst Friedrich (Kurt Friedensreich) zu nennen, der den Ablasshandel verbot und Luther unterstützte.
Aber die Gruppe der Fürsten war nicht einheitlich. Viele hängten ihr Fähnlein in den Wind. Kardinal Albrecht (Karl A. Brecht) profitierte in besonderem Maße von den Ablasseinnahmen und war so ein zentraler Gegenspieler Luthers.

Bert und Till auf der Suche nach Heimat

1928 begegneten sich Albert Einstein und Paul Tillich auf den Hochschulwochen in Davos.

Bert Stein und Till Licht sind als Urenkel von Einstein und Tillich die Hauptfiguren den Romans. Sie lernen sich bei der Aufnahme eines Lehramtstudiums in Hamburg kennen. Neben den gemeinsamen Fächern Erziehungswissenschaft und Theologie studiert Bert Sport und Till Mathematik. In acht Kapiteln, die Semestern beziehungsweise Semesterferien entsprechen, forschen die beiden insbesondere in den Ferien privat, absolvieren Praktika, zwei fiktive Reisen und eine real erzählte.

Bert und Till analysieren einen Vortrag Einsteins zum Verhältnis von Naturwissenschaft und Religion, die Antwort Tillichs und den philosophischen Hintergrund. Sie tauchen ein in das Star-Trek-Universum und das Tolkiensche Universum und in das Norddeutsche Tiefland. Dabei geht es um ein Bild der Welt und die Verbindung zur Welt. Bert und Till erkennen die Bedeutung von Mythen und Symbolen. Sie erkennen das religiöse Symbol als bildhafte Antwort des Menschen, der der Gotteswirklichkeit begegnet. Und sie erkennen das physikalische Modell als bildhafte Antwort des Menschen, der der physikalischen Wirklichkeit begegnet.

In der Auseinandersetzung mit der Welt und ihrem Bild der Welt erfahren Bert und Till Heimat. Bei der Reise ins Tolkiensche Universum fällt Bert und Till auf, dass Tolkien selbst sich vor dem Verlust von Heimat aufgrund der Industrialisierung fürchtet und dieses Gefühl kompensiert, indem er eine Anderswelt mit Elementen der »guten alten Zeit« konzipiert. Diese Anderswelt dient Amerikanern, die sich von ihren europäischen Wurzeln lösten, als mythologische Heimat, die sie wiederentdecken, weil in ihrem Unterbewusstsein entsprechende Archetypen existieren.

Auch Bert und Till entwickeln ein Heimatbewusstsein, indem sie alte Mythen in neuem Gewand erkennen, sowohl im Star-Trek-Universum als auch in der Anderswelt Tolkiens. Zudem erfahren sie insbesondere im Norddeutschen Tiefland Heimat als sozialen Raum, in dem Beziehungen von Menschen zu Kultur, Geschichte, Tradition und Landschaft leben. Und sie spüren, dass Verbindlichkeit, Vertrauen und Verlässlichkeit einer Entfremdung entgegenwirken. Dabei begreifen sie Heimat insbesondere als Aneignungs- und Erfahrungsprozess.